ENRICO BERNARD

DIE GRUBE

Aus dem Italienischen von Sabine Heymann

Mit der Unterstützung von SSA *(Schweizerischen Autoren Gesellschaft)*

LE GOUFFRE

Traduction en français de Marion Carbonnel

LA VORAGINE

(edizione originale)

BeaT

© 20018 - BeaT entertainmentart
Speicherstrasse 61
CH- 9043 Trogen
entertainmentart@gmx.net

DIE GRUBE

Surreal-Satire

in 3 Akten mit einem Finale

Aus dem Italienischen von Sabine Heymann

"Die Einheit einer Ordnung, die auf die Wiederkehr des Analogen setzt, selbst wenn es nur analoge semantische Momente sind, die wiederkehren, ist die Einheit einer Tätigkeit, die zu sich selbst zurückkehrt und wieder neu sondiert; der Schwerpunkt liegt nicht auf dem wiederkehrenden Sinn, sondern auf der Wiederkehr der Tätigkeit der Bewegung – innerlich wie äußerlich, der Seele und des Körpers – die diese Bewegung generiert hat".
(Bachtin, Ästhetik und Roman)

PERSONEN:
Ori *und* Capo

Charaktere der handelnden Personen:

Ori
Von bescheidenem Wesen, sehr geerdet, dabei nicht ohne Humor- und Geistesblitze.
Erträgt nur mühsam die Bedingtheit seiner Existenz. In seinem Verhalten ist der gesamte kosmische Pessimismus der subalternen Klassen versammelt, die sich einzig und allein mit dem Gedanken trösten, dass es noch schlimmer kommen könnte, viel schlimmer. Um sich von seinem euphemistisch als „Arbeit" bezeichneten Zustand der Knechtschaft zu befreien, träumt er davon, bei einer Quizsendung im Fernsehen alle Fragen zu beantworten, wofür er sich eine Bildung aus angelerntem Wissen erworben hat, die er ständig auf dem neuesten Stand zu halten sucht.

Capo
Abgehoben und hochnäsig, wirkt er wie eine Marionette, die sich auf Kommando in Bewegung setzt und spricht.
Er ist ständig auf der Kippe, kurz davor hinzufallen, als sei der Boden unter seinen Füßen permanent unsicher, provisorisch. Seine Macht ist darauf beschränkt, Ori zu kommandieren, aber dieser kleinen Macht bedient er sich, um seinen Untergebenen einer ganzen Reihe von kleinen Schikanen auszusetzen, die er mit Argumenten rechtfertigt, die wie aus dem Lehrbuch klingen, deren Bedeutung er aber selbst nicht ganz versteht.

ERSTER AKT

Ein Haufen Erde im Zentrum der Bühne. Ein paar Schilder mit der Aufschrift „Bauarbeiten".

In der Grube, die sich hinter dem Erdhaufen verbirgt, ist jemand emsig am Schaufeln.

Plötzlich ist ein harter Schlag zu hören, als sei die Schaufel auf ein Hindernis gestoßen. Aus dem Innern der Grube:

EINE STIMME He, ich habe was Hartes gerammt!

Ori reckt seinen Kopf aus der Grube. Er trägt einen Bergmannshelm mit angeschalteter Lampe.

ORI Au weiah, wir sind auf Grund gestoßen, tatsächlich! *(in Erwartung einer Antwort, die nicht kommt)* Verstanden? Wir sind versehentlich auf Grund gestoßen... auf Grund, verdammt nochmal! Das ist noch nie passiert... ausgerechnet mir musste das passieren! Ein Horrortag ist das...! *(versucht noch einmal, sich an jemandem unten in der Grube zu wenden)* Das scheint aber offenbar keinen zu jucken... Ja, ja, natürlich habe ich darauf bestanden... Ich versuche mal, eine Signalrakete abzuschießen, ok? ... aber ob die das mitkriegen... *(pflanzt eine kleine Rakete in der Erde, zündet die Lunte, wartet angespannt und hält sich dabei die Ohren zu, es passiert aber nichts)* Kein Knall? Kein Bumm? Was für eine Scheißrakete ist das denn...!

Der Capo kommt rein.

CAPO Was hast du hier herumzuknallen, Ori? Lässt du dich von einer Rakete verarschen?

ORI Das ist der Capo, Leute!

CAPO Na, was ist denn, Ori?

ORI Es ist passiert, Capo.

CAPO Was denn?

ORI Wir sind aus Versehen auf Grund gestoßen.

CAPO Zur Hölle mit dir.

ORI Jetzt legen Sie sich nicht mit mir an, Capo.

CAPO Mit wem soll ich mich denn sonst anlegen?

ORI Also, schließlich ist *sie* es doch, ich meine, es ist die Grube, die sich auf Grund stoßen lässt...

CAPO Die Grube lässt sich auf Grund stoßen und du verplemperst deine Zeit mit Feuerwerk?

ORI Feuer, ach, woher denn?! Das ist eine Notfallrakete. Sie müsste "knallen", um Aufmerksamkeit zu erregen, verstehen Sie? Stattdessen macht sie einen Scheißdreck...

CAPO Mit Vulgärsprache kommt man hier nicht weiter.

ORI Entschuldigung, Capo, ich wollte doch nur sagen, sie ist nicht losgegangen.

CAPO Hör mal zu: ich beobachte dich schon eine ganze Weile, hast du das eigentlich bemerkt? Und du gefällst mir nicht, Ori, oder nein, eigentlich ist es nicht so, dass du mir nicht gefällst: aber du bist imstande, ein stinknormales Notfalldingsbumms... oh je! Jetzt fange ich auch schon an, so zu reden!?... also eine Signalrakete, die ausschließlich für Notfälle vorgesehen ist, als pyrotechnischen Flugkörper zur Unterhaltung des Publikums einzusetzen.

ORI Das ist aber ein echter Notfall, kein Entertainment.

CAPO Mal abgesehen davon, dass sie, wenn sie eine echte Notfallsignalrakete wäre, bei einem echten Notfall auch hätte losgehen müssen... oder hast du kein Vertrauen in unsere Notfallausrüstung?

ORI Um Himmels willen, Capo! Ich wollte unsere allseits gerühmte Effizienz keineswegs in Frage stellen, aber...

CAPO Na, dann hören wir doch mal: aus welchem Grund hättest du um Notfallhilfe bitten sollen, Ori?

ORI Aus welchem Grund? Weil wir auf Grund gestoßen sind, Capo.

CAPO Das hast du bereits gesagt.

ORI Gucken Sie doch mal in die Grube, Capo: dann sehen Sie das Desaster.

CAPO *(blickt hinein)* Ja, ich sehe es... schönes Schlamassel. Bist du sicher, dass das das der Grund ist?

ORI Verdammt nochmal! Das ist hart wie Stein. Hören Sie doch mal hin... Los, Leute, lasst den Capo den Grund hören.

Drei harte Schläge sind zu hören.

CAPO Scheint tatsächlich der Grund zu sein. Aber das wundert mich gar nicht... ich meine, nicht allzu sehr. Wenn man gräbt und gräbt, dann muss man ja früher oder später dort ankommen, nicht wahr?

ORI Dafür sind wir ja hier!

CAPO Tiefer als so konnten wir nicht gehen, oder?

ORI Ich würde sagen, nein. Wenn man auf Grund stößt, gibt es nicht allzu viel Grund zur Freude. Es wird jetzt für die Jungs auch schwierig, wieder hochzusteigen.

CAPO Tiefer fallen kann man aber auch nicht mehr.

ORI Vorausgesetzt, da ist kein doppelter Boden.

CAPO Quatsch.

ORI Na, dann eben Quatsch... wenn Sie das sagen!

CAPO Mal was anderes, sieht man was da unten?

ORI Finster wie in grauer Vorzeit.

CAPO Kein Schimmer? Sicher?

ORI Das hätten wir gemerkt. Ein Schimmer, auch nur der Hauch von einem Schimmer, der wäre da unten bestimmt nicht unbemerkt geblieben, Capo.

CAPO Und wenn sich einer gezeigt hätte, dann hättet ihr sofort Abhilfe geschaffen, nicht wahr, Ori?

ORI Ja, Capo.

CAPO Pass gut auf! Es darf keinen Schimmer geben.

ORI Zu Befehl, Capo!

CAPO Gut, so gefällst du mir. Gehorsam und diszipliniert.

ORI Haben Sie noch weitere Befehle, Capo?

CAPO Keine Ahnung! Sollte ich welche haben?

ORI Ich würde sagen, ja. Ein respektgebietender Capo hat immer Befehle in petto, vor allem unter solch schwierigen Umständen.

CAPO Was verstehst du denn schon von den Umständen, du Knallkopf!?

ORI Ich mache keine Umstände, Capo. Aber...

CAPO Du meinst doch nicht etwa Aufstände, oder?

ORI Aufstände sind immer gegen die Umstände gerichtet. Das sagt die Logik.

CAPO Bösen Zungen solltest du kein Gehör schenken. Die Logik ist oft und gern trügerisch, sie erscheint anders als sie ist: also widersprüchlich, besonders in diesen düsteren Zeiten.

ORI Was soll ich also machen?!

CAPO Deine Arbeit. Das heißt: Du gehorchst und damit hat sich's.

ORI Wem soll ich gehorchen?

CAPO Den Befehlen, Knallkopf!

ORI Welchen Befehlen denn? Es ist eine ganze Weile her, dass hier die letzten angekommen sind!

CAPO Für den Augenblick gilt der Befehl, die Ordnung aufrecht zu erhalten. Dann wird man sehen. Wie das Sprichwort sagt: Alles zu seiner Zeit. Oder soll ich glauben, dass du es eilig hast mit dem Wechsel?

ORI Wenn es nach mir ginge, Capo! ... Wissen Sie, wo ich die Befehle hingeschickt hätte?

CAPO Ruhe!

ORI Darf ich wenigstens fluchen?

CAPO Ich frage mich, warum. Darf man wissen, worüber du dich aufregst?

ORI Über alles ein bisschen, Capo.

CAPO Findest du es schön, dich zu beklagen?

ORI Nein, Capo, bestimmt nicht.

CAPO Du siehst also, dass ich Recht habe?

ORI Sie haben immer Recht, Capo. Aber...

CAPO Wo liegt das Problem?

ORI Wenn man auf Grund gestoßen ist, fängt man an, sich zu fragen: und was machen wir jetzt, kratzen wir uns am Bauch? Neue Befehle kommen keine... Und man weiß nicht, was man machen soll... Und man fragt sich: und wenn sie überhaupt nicht kommen?... Wie lange sollen wir uns denn noch am Bauch kratzen?

CAPO Schluss jetzt! Keine Wenns und Abers. Die Befehle werden kommen. Ob sie pünktlich kommen, das kann ich dir nicht garantieren, aber *dass* sie kommen, da gibt es keinen Zweifel. Garantiert! ...

ORI Wenn *Sie* das sagen!

CAPO Du bist skeptisch, Ori?

ORI Sie wissen doch, wie das ist! In einer anderen Situation hätte ich auf Befehle sogar verzichtet. Als es noch eine Menge zu graben gab, zum Beispiel, da hörte man nur einen einzigen Befehl: "Grab, grab!". Aber jetzt, wo wir auf Grund gestoßen sind und nicht mehr wissen, ob wir morgen weiter graben können, jetzt, wo wir unverzüglich Befehle brauchen, Gewissheiten, die unsere Zukunft betreffen, jetzt sind wir dem „es heißt ..." ausgeliefert, was als konkreter Schlüssel für die Interpretation der Gegenwart nun einmal nicht sonderlich geeignet ist. Finden Sie das richtig?

CAPO Dann hättest du ja vorher gehorchen können, als es hier noch was zu graben und infolgedessen auch Befehle gab. Jetzt, wo es keine mehr gibt, würdest du gerne gehorchen. Aber jetzt ist es zu spät. Fick dich! Und viel Spaß dabei!

ORI Dann kann ich aber auch auf den Capo gut und gern verzichten!

CAPO Auf mich verzichten? Bist du verrückt geworden? Ich werde hier verdammt gebraucht!

ORI Eben nicht.

CAPO Ah, ah! Vorsicht!

ORI Man braucht keinen Capo, wenn der Capo keine Befehle mehr zu geben hat. Wenn Sie nämlich nicht befehlen, kann ich nicht gehorchen und dann sind Sie auch nicht mehr mein Capo. Sie sind also nichts, nicht einmal ein guter Freund, ein Bekannter oder ein Nachbar: nichts, haben Sie verstanden, Capo? Gar nichts. Njet! Nisba! Ein Kackhaufen in Rente!

CAPO Wenn du so denkst, bist du entlassen.

ORI Oh, schön! Und aus welchem Grund?

CAPO Gehorsamsverweigerung.

ORI Gehorsams...was!?

CAPO Das heißt, du weigerst dich zu gehorchen.

ORI Nein. *Sie* weigern sich doch, Befehle zu geben.

CAPO Einverstanden: der Befehl ist, keinem Befehl zu gehorchen, weil es keine weiteren Befehle gibt. Ist das ok so? Bist du jetzt zufrieden?

ORI Oh nein! Das wäre zu bequem.

CAPO Du willst aber auch nur gehorchen, wenn es dir in den Kram passt. Und das ist nicht richtig, Ori, weil sich die Gesellschaft nicht mehr den Luxus leisten kann, dir zu Diensten zu sein, deine Launen zu befriedigen und deine Patzer auszubügeln.

ORI Ist denn da wenigstens jemand über Ihnen, der imstande ist, Befehle zu geben?

CAPO Das hoffe ich sehr, um Himmels willen! Jetzt, wo ihr... das heißt, wo wir – wir sitzen ja nun im selben Boot – also, wo wir auf Grund gestoßen sind, warte auch ich in einem gewissen Sinne auf Befehle; und du kannst mir glauben, dass die Situation auch für mich ziemlich unangenehm ist. Wir sollten versuchen, uns ein wenig zusammenzureißen, ok?

ORI Mag sein... *(setzt sich, mit der Brotbox auf den Knien)* Glauben Sie an Befehle, Capo?

CAPO Du stellst vielleicht bescheuerte Fragen!

ORI Na ja, vielleicht hätten wir nicht auf Grund stoßen sollen, vielleicht hätten wir vorher Halt machen müssen. Das denke ich, ja.

CAPO Hat dir etwa jemand die Schaufel in die Hand gedrückt und gesagt "damit stößt du jetzt auf den Grund"?

ORI Nein.

CAPO Was hattet du für Befehle?

ORI Graben, graben, graben.

CAPO Und du hast gegraben?

ORI Und wie! Fühlen Sie mal, was ich für Schwielen habe! Wenn ich nach dem Pinkeln meinen Pimmel in die Hand nehme, um ihn abzuschütteln, dann ist das fast so, als hätte ich ihn zwischen zwei Fingern von einem Schmirgelhandschuh!

CAPO Siehst du? *Du* bist es doch, der aus Ungeschicklichkeit oder Übereifer auf Grund gestoßen ist und der sich damit blöderweise diesen

Schmirgelhandschuh zugelegt hat... ich meine, die Schwielen an den Händen. Gib zu, dass du es übertrieben hast, Ori?

ORI Wenn Sie mich graben lassen wie einen Maulwurf, ohne jeden Widerruf des Befehls, dann ist doch klar, dass ich früher oder später auf Grund stoßen muss.

CAPO Und warum ist dir das schon früher als später passiert?

ORI Weil es keine Erde mehr unter meinen Füßen gab, Capo.

CAPO Und das konntest du nicht rechtzeitig erkennen, *bevor* es keine mehr gab?

ORI Ich habe es erst bemerkt, als ich auf Grund gestoßen bin. Zu spät.

CAPO Konntest du ihn nicht einfach nur oberflächlich streifen, diesen Scheiß... grund?

ORI Also, hören Sie mal, Capo, versuchen Sie nicht, sich rauszureden: wenn wir an dem Punkt angekommen sind, dann ist das bestimmt nicht meine Schuld.

CAPO Meine auch nicht.

ORI Mag sein.... *(fängt mit seinem Mittagsimbiss an)*

CAPO Was isst du da?

ORI Ein klitzekleines Brötchen, Capo.

CAPO Das kannst du so klein reden, wie du willst!! Ist es denn überhaupt schon Zeit für das Mittagessen?

ORI Genau zwölf Uhr, Capo.

CAPO Meine Uhr geht nach. Sei froh, dass sich mein Magen pünktlich meldet, Ori, sonst hättest du dir eine Abmahnung eingehandelt. Jetzt ist es aber mein Magen, der deine Aufmerksamkeit anmahnt. Hörst du das?

ORI *(zu sich)* Zum Teufel mit dem, warum bringt der sich nie seine eigene Brotbox mit... Möchten Sie vielleicht etwas abhaben?

CAPO Wenn du darauf bestehst... Einmal beißen, nur aus Höflichkeit... *(verschlingt in einem Biss Oris gesamte Brotzeit)*

ORI Die Befehle sind Ihnen abhanden gekommen, der Appetit aber nicht. Stimmt's, Capo?

CAPO Der niemals. Weißt du übrigens, dass du mir eigentlich dankbar sein solltest?

ORI Ach ja? Gut, dass Sie mich darauf aufmerksam machen! Ich hätte das gar nicht gemerkt.

CAPO Dein Brötchen war nicht so besonders: ich habe dir die Verlegenheit erspart, es essen zu müssen, nur um keinen Ärger mit deiner Frau zu kriegen. Es hatte einen seltsamen Beigeschmack, den ich mir gar nicht erklären kann.

ORI Ich kann mir nicht einmal seinen Geschmack erklären, weil ich es gar nicht probiert habe.

CAPO Vom Geschmack her war es gar nicht schlecht ... das muss ich zugeben. Wenn du das nächste Mal nachts arbeitest, kann ich bei deiner reizenden Gattin doch mal vorbeigehen und ihr meine Komplimente machen. Was dagegen?

ORI *Den* Nachgeschmack werden Sie zu spüren bekommen.

CAPO Oh, du wunderbarer Nachgeschmack, was würde ich nicht alles für dich tun?! *(deutet mit den Händen weibliche Körperformen an)* Das ist eine Feststellung, Ori, mein Lieber, keine Frage. Nichts für ungut.

ORI Wollen Sie damit auf etwas Bestimmtes hinaus?

CAPO Nein, absolut nicht, war nur ein Scherz. *(gähnt)* Und jetzt lass mich in Ruhe... Aaaah! ... *(streckt sich aus)* Ich bin sowas von schläfrig, schläfriger kann man gar nicht sein!

ORI Wie bitte? Sie bringen es fertig, sich schlafen zu legen?

CAPO Was ist denn dabei? Würdest du dir an meiner Stelle etwa keine „kleine Auszeit" gönnen, hä?

ORI Mag sein...

CAPO Hör zu, Ori: mit diesem seltsamen Ausdruck, den deine Schnauze immer wieder absondert, gehst du mir echt auf den Geist. Was zum Teufel... soll dieses "mag sein" heißen?

ORI Nichts für ungut, Capo: wenn Sie sagen, dass Sie sich eine „kleine Auszeit" gönnen, dann sage ich eben: mag sein, dass es eine „kleine Auszeit" ist. Das ist alles.

CAPO Gemeint ist aber, dass es das nicht ist?

ORI Genau, in meinen Augen versuchen Sie nur, Zeit zu gewinnen, in Ermangelung von Befehlen, ja!

CAPO Ich wiederhole es noch einmal: der Befehl lautet, auf Befehle zu warten. Verstanden?

ORI Dann warten wir eben!

CAPO Ich warte. Du steigst in die Grube und machst dich wieder an die Arbeit. Egal, welche. Marsch!

ORI Einverstanden... *(steigt bis zur Hüfte in die Grube)*

CAPO *(nach einer Pause)* Was machst du da?

ORI Pinkeln, Capo.

CAPO In die Grube?

ORI Wohin denn sonst?

CAPO Du benimmst dich wie ein Hinterwäldler, Ori.... und ich dachte, Ori sei eine Kurzform von Orest! Jetzt verstehe ich, woher dein Name kommt: von Orin. Du bist abscheulich!

ORI Weshalb, müssen Sie denn nie, Capo?

CAPO Nicht in die Grube, Ori. Nicht in die Grube!

ORI Was ist denn mit der Grube, dass man nicht reinpinkeln darf?

CAPO Es ist doch unsere Grube, verstehst du?! Ein bisschen Respekt, verdammt! Mag sein, dass sie nicht unsere Wiege ist, aber sehr wahrscheinlich unser Grab.

ORI Sie haben es aber auch mit dem "mag sein", Capo?!

CAPO Es ist ja auch meine Aufgabe, mir ernsthafte Fragen zu stellen. Meine schon.

ORI Auf Ihre Fragen pinkle ich.

CAPO Diesmal poliere ich dir die Fresse, Ori. Das ist nämlich keine einfache Gehorsamsverweigerung, das ist im wahrsten Sinne Frechheit! Ganz abgesehen davon, dass man die Grube nicht schänden darf und glaubt, damit auch noch ungestraft davonzukommen: pinkle gefälligst in die Hose!

ORI He, Capo, sehen Sie doch mal, was da ans Licht gekommen ist, als ich in Ihre Grube uriniert habe!

CAPO Versuch nicht, das Thema zu wechseln. Komm raus da unten und schlag dich wie ein Mann. *(steht auf und geht in Boxerhaltung)*

ORI Können Sie Maschine schreiben, Capo?

CAPO Was für eine Maschine?

ORI Schreibmaschine. Die wird in grauer Vorzeit irgendein Journalist dort reingeworfen haben, als er von der Zeitung zum Fernsehen gewechselt ist.

CAPO Keine Mutmaßungen, Ori. Möglich, das sich in der Grube sogar noch ein Fernseher findet. Das bedeutet nichts das Ende der Zivilisation.

ORI Oder ein Kühlschrank. Das heißt aber noch nicht, dass er auch voll ist.

CAPO *(mit Blick auf die Schreibmaschine)* Funktioniert sie?

ORI Sehen Sie doch mal nach. *(überreicht ihm die Schreibmaschine)*

CAPO Klatschnass, das Gerät. Zur Hölle mit dir, Ori!

ORI Seien Sie geduldig. Das trocknet.

CAPO Du hast recht: es ist tatsächlich eine Schreibmaschine.

ORI Und wozu braucht man die?

CAPO Dummkopf: wie der Name schon sagt: zum Schreiben.

ORI Und ich habe da draufgepinkelt.

CAPO Aus Versehen, hoffe ich.

ORI Ich musste aber pinkeln, nicht schreiben. Und auch nicht lesen. Ich lese nur auf dem Klo, Capo, wenn ich brutal von der Notdurft übermannt werde.

CAPO Du brauchst ja nur daran zu denken, wie du gräbst, Ori: wie in der Altsteinzeit. Du stellst deine primären Bedürfnisse über die intellektuellen... Klopapier ist dir eindeutig lieber als bedrucktes Papier ...

ORI Hygiene ist doch ein Punkt zugunsten unserer Zivilisation, oder?

CAPO Die Zivilisation ist aber mit der Erfindung der Schrift entstanden, du Riesenarschloch, nicht mit dem Klopapier!

ORI Dann habe ich also ein prähistorisches Fundstück zutage gebracht. Was kann das wert sein?

CAPO Mach dir keine Illusionen. Dieses Gerät ist Eigentum der Gruben-Leitung. Also... Finger weg!

ORI Ich habe es aber gefunden!

CAPO Was in der Grube gefunden wird, gehört zur Grube. Mach jetzt keinen Ärger.

ORI Verdammte Grube!

CAPO Sie hat dir sehr lange Arbeit gegeben, sie hat dir eine Schreibmaschine gegeben, mit der du dich intellektuell frei ausdrücken kannst, und du erlaubst dir, sie zu behandeln wie den letzten Dreck? Pinkelst sogar hinein?

ORI Die Arbeit ist steckengeblieben, weil die Grube fertig ist; und die Schreibmaschine hat sich die Gruben-Leitung unter den Nagel gerissen, obwohl hier gar nichts geleitet wird, weil es keine Befehle mehr gibt. Und was die Meinungsfreiheit angeht... vergiss es, das ist besser!

CAPO Ich werde dir jetzt ein paar Befehle schriftlich aufsetzen, von denen du eine Gänsehaut kriegst, du Blödmann!

ORI Was für Befehle?

CAPO Was weiß ich... die, die eintreffen werden, vielleicht.

ORI Und wenn sie mit der Post kommen, also schon geschrieben sind?

CAPO Dann schreibe ich sie eben nochmal.

ORI Doppelte Arbeit?

CAPO Wenn sie aber mündlich kommen oder telefonisch, jedenfalls von oben, dann muss sie auf jeden Fall jemand aufschreiben, also schwarz auf weiß niederlegen, weil Befehle alle schwarz auf weiß vorliegen müssen. Und ich, der ich ein ausgeprägtes Pflichtgefühl habe, setze sie eben schon vorher schwarz auf weiß. Was dagegen?

ORI Wer weiß, wie die Befehle der Zukunft ankommen werden, ob es dann noch ein Blatt Papier im Brief- umschlag gibt und einen Postboten, der ihn überbringt oder ob sie nur noch über ein Handy laufen werden, das wir alle in der Tasche tragen, um stets erreichbar zu sein, stets verfügbar.

CAPO Du hast zu viel Phantasie, Ori.

ORI Und Sie handeln unüberlegt, Capo.

CAPO Das Urteil überlassen wir der Nachwelt.

ORI Ich bezweifle aber, dass von Ihren schriftlich aufgesetzten Befehlen für die Nachwelt etwas übrigbleibt, wenn Sie kein Blatt Papier einziehen.

CAPO Nanu, stimmt: ich habe ohne Papier auf die Rolle geschrieben. Witzig!

ORI *(überrascht)* Ich habe also recht, Capo? Das wäre das erste Mal, dass mir so etwas mehr oder weniger offiziös bescheinigt wird.

CAPO Das darf dich nicht überraschen. Mein Motto ist nämlich: gebt dem Kaiser, was des Kaisers ist... und Ori natürlich, was Oris ist.

ORI Danke, Capo.

CAPO Pflicht, Ori, Pflicht und Schuldigkeit. Auch weil es verdammt kontraproduktiv sein kann, zu drastisch gegen die Regeln zu verstoßen.

ORI Aus Ihrem Mund klingt das seltsam.

CAPO Denk nach: wenn du die Ausschachtung extrem überzogen hättest, um Zeit zu gewinnen, dann wäre jetzt noch eine Grube zu Ende zu graben. Und wir hätten beide einen Vorteil. Oder?

ORI Wenn ich mich nicht beeilt hätte, Capo, hätten Sie mich entlassen. Oder?

CAPO Wenn du aber nur so getan hättest, als ob du dich beeilst, dann hätte ich nur so getan, als würde ich dich entlassen und dich ein bisschen auf Hartz IV gesetzt, und dann hätten wir irgendwo anders wieder angefangen zu graben, ohne das allzu auffällig zu tun. Eine Baustelle hier, eine da... Wir hätten den Schein gewahrt, wir hätten uns strikt an die üblichen Verfahren gehalten.

ORI Stattdessen?

CAPO Stattdessen hast du das Ganze verdammt ernst genommen: aus einer x-beliebigen Ausschachtung, aus einem simplen Aushub hast du eine nicht mehr auffüllbare Grube gemacht, die Gefahr läuft, uns unter dem Gewicht unserer gegenseitigen zivilen, strafrechtlichen und vielleicht sogar politischen Verantwortung zu begraben.

ORI Ich wiederhole: der Befehl war, eine Grube auszuheben und ich habe sie ausgehoben.

CAPO Du hast aber Spaß am Ausheben bekommen. Und bist auf Grund gestoßen. Deshalb bleibt mir nichts weiter übrig als dich zu entlassen. Tut mir leid.

ORI Wenn Sie mich nicht wenigstens auf Hartz IV setzen, können Sie mich gleich in einen Sarg legen.

CAPO Lass dich niemals unterkriegen, Ori. Und viel Glück!

ORI Ich appelliere an Ihr Verantwortungsgefühl.

CAPO Es ist zwecklos, vollkommen zwecklos: das Erdloch ist fertig und neue Befehle kommen nicht. Ich weiß nicht einmal, was aus *mir* wird. Glaub mir: ich bin nicht untätig gewesen, ich habe versucht, Arbeit zu erfinden, mir selbst Befehle zu geben, ohne bemerkenswertes Ergebnis allerdings. Deshalb bleibt uns nichts anderes übrig als die Zelte hier abzubrechen... und du suchst dir eine neue Beschäftigung.

ORI Und was werden Sie tun?

CAPO Ich bleibe hier, an vorderster Front und bewache die Grube.

ORI Und wenn wir sie einfach wieder zumachen? Haben Sie diese Möglichkeit schon bedacht?

CAPO Die ganze Mühe aufzuwenden, sie zu graben, nur um sie jetzt wieder zuzumachen?

ORI So, offen, stellt sie eine Gefahr dar: es könnte jemand hineinfallen und sich das Genick brechen.

CAPO Auch das ist richtig.

ORI Die Verantwortung würde in dem Fall komplett auf die Bauleitung zurückfallen, Capo. Das heißt, auf Sie. Auf Sie könnten erhebliche Unannehmlichkeiten zukommen, glauben Sie mir. Vielleicht sogar ziemlich ernsthafte Konsequenzen.

CAPO Für meinen Geschmack fängst du an, ein bisschen zu oft Recht zu haben, Ori.

ORI Das nennt man „aus der Not eine Tugend machen", Capo.

CAPO Na klar, wenn ich hier zu bestimmen hätte, würde ich Anordnungen, also Befehle in diesem Sinne geben. Leider ist aber meine Rolle begrenzt: ich kann doch nicht die Hierarchie aushebeln. Wirklich nicht. Glaube ich wenigstens...

ORI Das wäre aber das Vernünftigste, was man im Augenblick tun kann.

CAPO Ich wette, dass jeder andere Baustellenleiter unsere Ansicht teilen würde.

ORI Nicht "würde", Capo: wird, zweifellos muss es heißen „wird".

CAPO Ja, ja... aber die Verantwortung kann ich nicht übernehmen, sie ist zu groß für mich... die Befehle vorwegzunehmen... daran ist gar nicht zu denken. Wenn ich nur wüsste, wer das Kommando hat, dann könnte ich eine Dienstanweisung beantragen!

ORI Also dann: was beabsichtigen Sie zu tun?

CAPO Noch ein bisschen abwarten. Dann wird man sehen. Abwarten, Tee trinken. Einverstanden? Es ist aber klar, dass dein Lohn in der Zwischenzeit ausgesetzt ist.

ORI Was soll ich dazu sagen, Capo: danke!

CAPO Keine Ursache. Aber nur nicht den Mut verlieren. Der Befehl wird rechtzeitig kommen, darauf kannst du zählen.

ORI Hauptsache, der Befehl lautet nicht auf Entlassung.

CAPO Das wäre aber lustig! Eine echte Verarschung! Ha, ha, ha!

ORI Na ja, besser, man denkt nicht allzu viel darüber nach. Wie man so sagt: so lange der Laden läuft...

CAPO Lass ihn laufen, Ori!

Sie setzen sich an den Rand der Grube. Ori zündet sich eine Zigarette an, die er umgehend an den Capo weiterreicht.

ORI Schön hier. Finden Sie nicht?

CAPO Wenn nur die Grube nicht wäre, die die Luft verpestet und mit den fauligen Ausdünstungen ihrer ekelerregenden Güllen alle krank macht... puh, einfach widerwärtig!

ORI Mir gefällt in diesem Panorama aber gerade die Grube.

CAPO Ich verstehe dich nicht, Ori. Das heißt, ich verstehe, dass du die Grube brauchst, um deine armselige irdische Existenz zu fristen, mit all diesen Erdmassen, die du zu schaufeln hast, um die berüchtigten Monatsraten abzuzahlen. Aber so weit zu gehen, die Grube als ideales Panorama zu betrachten, das ist doch ein bisschen übertrieben, weißt du?

ORI Ich weiß. Leider eine Berufskrankheit. Ich könnte fast sagen, in der Grube bin ich geboren und in der Grube werde ich wahrscheinlich auch krepieren. Je größer die Probleme des Lebens werden, desto tiefer scheint die Grube zu werden, für mich bleibt es aber immer dieselbe Grube meiner Kindheit, eine dunkle, furchterregende Grube ohne einen Schimmer von Licht, ein schwarzes Loch, eine Höhle, auf deren Grund sich die Schatten einer unerreichbaren höheren Realität anzeichnen...

CAPO Unerreichbar für die Genügsamen: für die, die sie, wie du, gar nicht erreichen *wollen*, Ori. So bleibt man eben auf dem Grund der Höhle.

ORI Mit Befehlen kennen Sie sich ja besser aus als ich, Capo: jeden Spalt, jeden Fluchtweg dichtmachen, jede Möglichkeit verhindern, die Flügel beschneiden, die Treppenstufen absägen, die Beine abhauen und graben, graben, graben... Ich habe nie eine andere Wahl gehabt...

CAPO Das ist traurig, Ori.

ORI   Ich gebe zu, insgeheim habe ich ein wenig Hoffnung gehegt. Wie oft habe ich mir gesagt: du wirst schon sehen, die Grube dient dazu, eine solide Basis, die Fundamente der Zukunft zu legen.

CAPO   Daran zweifle ich, Ori.

ORI   Ich auch, Capo. War ja nur eine Idee.

CAPO   Eine sinnlose Idee. Glaub mir: ich bin älter und habe mehr Erfahrung damit als du: ich habe sehr viele Gruben gesehen und wenige, sogar sehr wenige Fundamente. Es wird Pessimismus sein, aber so ist es leider, Ori.

ORI   Mag sein, Capo!

CAPO   Was sein wird, wird sein, Ori.

Der Capo fängt wieder an zu rauchen. Ori wischt sich den Schweiß ab, putzt sich die Nase und ein paar Tränchen ab. Plötzlich wird das Schweigen von einer gebieterischen Stimme unterbrochen, die abgehackt aus einem Lautsprecher ertönt.

ZACK-ZACK!

Beide springen auf.

ORI   Haben Sie das gehört, Capo?

CAPO   Und ob. Mir wäre fast das Trommelfell geplatzt!

ORI   War das ein Befehl?

CAPO   Das weiß ich nicht.

ORI   Mir kam es vor wie ein Befehl.

CAPO   Mir kam es auch vor wie ein Befehl. Aber in letzter Konsequenz kann man das nie wissen. Wenn wir jetzt gehorchen und es war gar kein Befehl, wie stehen wir dann da, was? Und wenn dann der offizielle Befehl kommt, nach allen Regeln der Kunst?

ORI   Aber Sie, Capo, können *Sie* das nicht unterscheiden?

CAPO   Einen Befehl vom anderen schon. Aber einen Befehl als Befehl zu erkennen... das ist schwieriger. Ich will sagen: in einem gewissen Sinne erkennt man Befehle sofort, das ist richtig. Wenn einem gesagt wird, man soll eine Sache machen oder nicht... etc. etc. Also, dann weiß man sofort, was zu tun oder nicht zu tun ist.

ORI   Gut.

CAPO   Aber ich muss zugeben, ich bin jetzt ein bisschen unsicher, was zu tun ist, ich bin mir über den Inhalt dieses Befehls nicht sicher, vorausgesetzt, es hat sich überhaupt um einen Befehl gehandelt. Und ein Befehl, der einen der Unsicherheit überlässt, ist vielleicht gar kein richtiger Befehl.

ORI Was dann?

CAPO Das ist doch genau der Punkt. Vielleicht ja: wenn es ein Befehl ist, der "ZACK-ZACK!" heißt, dann wäre es schlecht für uns, wenn wir nicht loslegen. Auf jeden Fall ist es aber kein Befehl, wie es sich gehört, und verfassungsgemäß darf man einem formal nicht eindeutigen Befehl ungehorsam sein.

ORI Was tun wir also?

CAPO Lass mich nachdenken.

ORI *(nach einer Pause)* Entschuldigen Sie, Capo, wozu braucht man Befehle?

CAPO Zum Gehorchen. Da heißt, ein Befehl wird gegeben, damit ihn jemand ausführt.

ORI Elementar.

CAPO Warum fragst du mich dann, wenn du es schon weißt?

ORI Das ist die Qual der Wahl, Capo: loslegen oder nicht loslegen?

CAPO Ich wiederhole: wenn es ein Befehl wäre, hätten wir kein Problem, im einen oder anderen Sinn zu entscheiden.

ORI Rechts oder links?

CAPO Das hat doch nichts mit Sinn zu tun, das sind Richtungen, übrigens auch politische. Und hier taucht auch der erste logische Einwand auf. Wenn man die Mitte verlässt und die Grube aufgibt, weißt du, was dann passiert? Das wäre der Anfang der Herrschaft der Unordnung, jedenfalls alles andere als Ordnung! Und ein Befehl, der zur Unordnung führt, muss eben von einem geeigneten Gegenbefehl ausbalanciert werden. Klar?

ORI Dann legen wir also nicht los?

CAPO Nein, wir legen nicht los. Wir können nicht loslegen, weil wir, wenn wir loslegen, zwar dem Befehl gehorchen, aber im Hinblick auf den Gegenbefehl, der mit Sicherheit kommen wird (und dafür kannst du die Hand ins Feuer legen), fahrlässig handeln.

ORI Sind Sie da sicher?

CAPO Glaub mir.

ORI Dann also einverstanden: wir gehen nirgendwo hin?

CAPO Nein. Wir bleiben in der Mitte und warten auf genauere Befehle hinsichtlich der Grube. Die immer eine furchterregende Grube bleiben wird. Punkt!

ORI Wenn Sie das sagen.

CAPO Zigarette?

ORI Nein, danke, ich habe meine eigenen.

CAPO Ach so, genau, gib mir eine davon, wenn es dir nichts ausmacht.

ORI Das war ja klar!

Sie setzen sich wieder und rauchen. Aus der Grube springt plötzlich ein bunter Ball heraus.

CAPO Guck mal, Ori, die Grube hat eine Kugel ausgespuckt.

ORI Das ist doch mal was! *(dribbelt ein bisschen mit dem Ball und schießt ihn dann wieder ins Loch)* Olé!

Er hat sich noch nicht ganz umgedreht, da schießt der Ball schon wieder aus der Grube heraus.

ORI Die Grube spielt mit, Capo. Olè! *(schießt den Ball wieder in die Grube)*

CAPO Sie will dich nur von den echten Problemen ablenken, Ori. Fall nicht drauf rein.

ORI Wenn sie glaubt, ich lasse mich mit ein paar Ballwechseln ködern, irrt sie sich gewaltig. Wenn ich meine Situation vergessen soll, muss sie sich schon was anderes einfallen lassen. Sie glaubt wohl, sie kann mir das Leben mit Quiz, Soap Operas und Fußball erträglicher machen? Na klar, immer noch besser als ein Tritt in den Arsch. Aber um die Realität aus dem Blick zu verlieren, dazu reicht das nicht...

Aus der Grube dringt eine kräftiger Furz:

Prrrrrrr!

CAPO Das musste ja kommen. Du hast die Grube behandelt wie ein öffentliches Klo und jetzt kriegst du die Quittung: sie behandelt dich wie einen Idioten!

ORI Ach ja? Ich habe aber noch mehr auf Lager! *(Zieht sich die Hose herunter und hockt sich an den Rand der Grube)* Richtig, Capo?

CAPO Du bist abstoßend, Ori. Zigarette!

ORI *(zieht die Hose wieder hoch, guckt in seine Zigarettenpackung)* Es ist die letzte, Capo.

CAPO Eine weniger, Ori. Eines Tages wirst du mir dankbar sein...

Sie setzen sich und fangen wieder an zu rauchen. Plötzlich erneut die Stimme:

ZACK-ZACK!

ORI Legen wir los, Capo?

CAPO Ich habe doch schon gesagt, das tun wir nicht, Ori. Ich bitte dich nachdrücklich darum, nicht weiter zu insistieren.

ORI Ich bin es nicht, der *insistiziert*.

CAPO Oh je, glückliche Unwissenheit! Ich weiß ja, dass du nicht insistierst. Aber wo wir uns gerade auf eine Vorgehensweise geeinigt hatten, können wir sie doch nicht gleich wieder umwerfen, aus Denkfaulheit oder weil wir befürchten, irgendjemandem in die Quere zu kommen. Um Himmels willen! Wir haben Übereinstimmung darüber erzielt, dass der Befehl einfach und klar sein muss, ohne Halbheiten oder Grauzonen, wenn er als echter Befehl gelten soll. Richtig?

ORI Sehr richtig.

CAPO Dann können wir doch nicht beim zweiten "ZACK-ZACK!" aufspringen, ohne vorher zu einer Erklärung genötigt zu sein, warum wir nicht schon beim ersten "ZACK-ZACK!" losgelegt haben, stimmt's!

ORI Richtig, warum haben wir nicht gleich losgelegt?

CAPO Weil es nichts zum Loslegen gab. Zumindest haben wir uns in diesem Sinne entschieden. Und jetzt müssen wir uns an diese Interpretation halten, wenn wir nicht in einen schweren Konflikt mit unserem vorhergehenden Verhalten geraten wollen, denn das wäre in der Tat irreparabel unerklärlich... ich weiß nicht, ob ich mich klar ausdrücke.

ORI Halbwegs, Capo.

CAPO So kapieren sie vielleicht, dass die Befehle, die sie uns gegeben haben, unsinnig waren.

ORI Mit Ihrer Erlaubnis, aber: über Befehle diskutiert man nicht.

CAPO Aha, jetzt fängst du wohl schon an, dir was einzubilden? Hast du vergessen, wer hier drin der Capo ist? Ich bin der, der entscheidet, was tatsächliche Befehle sind und was nicht... welche also noch der Erläuterung bedürfen oder welche sogar ganz krass nicht umsetzbar oder kontraproduktiv sind.

ORI Hauptsache, mir wird hinterher nicht vorgehalten, dass ich es gewesen bin, der nicht aufspringen wollte.

CAPO Bist du etwa aufgesprungen? Nein. Was willst du dann? Jedenfalls bist du ungehorsam gewesen.

ORI Auf Ihre unmissverständliche Empfehlung hin.

CAPO Und wenn ich dir sage, du sollst dich in den Fluss werfen, was machst du dann? Du wirfst dich hinein?

ORI Jetzt verstehe ich: Sie wollen mich auf frischer Tat ertappen. Sie springen auf, raten mir aber, nicht zu springen und ich werde dann von allen für arbeitsscheu gehalten. Darauf falle ich aber nicht herein, Capo! Ich springe noch vor Ihnen auf.

CAPO Dann springe ich auch auf, du Witzbold.

Sie bereiten sich zum Sprung vor. Aus der Grube weht eine rote Fahne.

CAPO *(der sofort innehält)* Was ist das denn, du Halunke?!

ORI Das Signal für einen Fehlstart, vielleicht.

CAPO Dann sage *ich* es dir: das ist eine rote Fahne.

ORI Rot? Die ist doch allenfalls rosa, Capo, ein etwas kräftiges Rosa, stimmt, aber... nein, nicht rot! Die rote Fahne hätte es niemals gewagt, zu wehen.

CAPO Die ist doch roter als dein unverschämtes Gesicht. Jetzt sind wir wirklich auf den Grund gestoßen. Ori. Schande!

ORI Vielleicht herrscht in der Grube auch starker Seegang und deshalb wird die rote Fahne der Hafenbehörde gehisst, um die Gefahr des hohen Wellengangs zu signalisieren.

CAPO Verarschen kann ich mich alleine. Das ist nicht die Fahne des starken Seegangs: das ist die rote Fahne der Internationale. Scheiße, diesmal sage ich es ohne Umschweife, ich bin wirklich stinksauer. Und wenn ich rot sehe, dann bin ich angriffslustig wie ein Torero in der Stierkampfarena...

ORI *(gebärdet sich wie ein Torero)* Olé, Capo, olé.

CAPO *(greift ihn an)* Keine Ausreden, Ori: wir haben es hier mit einem historischen Anachronismus zu tun, für den du direkt verantwortlich bist. Gib's zu! *(hält inne, um erst einmal Luft zu holen)* Ich wundere mich über dich. Ich dachte, der Kommunismus sei tot und begraben und diese Grube sein Grab.

ORI Stattdessen ist er wieder hochgekommen.

Aus der Grube schießt jetzt auch noch eine schwarze Fahne.

CAPO Mir scheint, dass aus dieser Kloake ein paar Dinge zu viel wieder hochkommen. Kannst du sie bitte entsorgen!?

ORI Zu Befehl, Capo. *(steigt in die Grube)*

CAPO Und morgen bringst du zwei Päckchen Zigaretten mit.

ORI Warum zwei?

CAPO Eins für dich und eins für mich.

ORI Vielen Dank für den Hinweis. Ich werde dran denken.

CAPO Sehr gut. *(pfeift ein bisschen)* Bist du fertig? Also, wie lange brauchst du, um den Kommunismus endgültig zu begraben?

ORI Er leistet Widerstand, Capo. In seinem Innersten ist er nicht bereit, unter die Erde zu gehen. Er unternimmt sogar Versuche, sich mit der Marktwirtschaft zu arrangieren.

CAPO Beschissene Grube!

ORI Und ich stecke bis zum Hals mit drin, Capo.

CAPO Man muss mit der Zeit gehen! Es ist schon viel, wenn du die Grube ausheben kannst. Ob es sich dabei aber um eine Mine handelt, ein Ölbohrloch oder ein Grab, das sind Tatbestände, die dich nichts angehen sollten. Wichtig ist doch nur, dass du dein Brot verdienst mit Graben, Graben und nochmals Graben.

ORI Ein Grab, jederzeit gern. Aber eine Kloake nicht, das verweigere ich. Verdammte Scheiße, das habe ich nicht verdient! Ich habe ein respektables Alter und einen Großvater, der sogar in der Resistenza war!

CAPO Partisan?

ORI Nein, Säufer. Er ist fünfmal wegen Störungen und Widerstand gegen die Staatsgewalt verhaftet worden. *(setzt einen Fuß aus der Grube)*

CAPO Was tust du da? Wer hat dir gesagt, dass du aus der Grube rauskommen sollst?

ORI Ich bin fertig, Capo. Wenn Sie also nichts dagegen haben und vor allem, wenn Sie keine neuen Befehle haben...

CAPO Nein, im Augenblick habe ich keine neuen Befehle... *(inspiziert die Grube)* Gut, gut, tüchtig...

ORI Zufrieden, Capo? Habe ich den Kommunismus so begraben, wie es sich gehört?

CAPO Du hast nur deine Pflicht getan, Ori. Nichts Spektakuläres. Bilde dir bloß nichts ein.

ORI Da Sie keine neuen Befehle haben und mein Lohn ausgesetzt ist, würde ich auch mit dem Schweiß auf meiner Stirn ganz gern eine kleine Pause machen. Mit Verlaub!

CAPO Vorsicht, Ori. Die Tatsache, dass ich keine Befehle habe, rechtfertigt nicht deinen Absenteismus, deine Unverschämtheit, deinen geringen Pflichteifer.

ORI Eifer entwickle ich, wo ich kann, Capo. Vorausgesetzt, ich muss nicht, wie üblich, zusehen, wie ich zurechtkomme!

CAPO Du lachst dich ins Fäustchen, das sehe ich dir an, du Bastard!

ORI Das sind keine Fäustchen, das sind Pranken: es wird hart gearbeitet in so einer Grube.

CAPO Das kann ich nicht erkennen. Das werden wir aber auf jeden Fall sehen, wenn die Befehle eintreffen. An deiner Stelle würde ich den Atem anhalten. Wer weiß, was sie von dir wollen.

ORI Was sollen sie schon wollen? Mich eine neue Grube graben lassen.

CAPO Oder noch ein Massengrab! Das werden wir sehen...

ORI Dann werden wir es eben sehen!

CAPO Ich werde es sehen, du wirst unten in der Grube stehen und deine Pflicht tun.

ORI Und das wäre?

CAPO Im Augenblick weiß ich es nicht, Ori. Aber bald werde ich es wissen.

ORI Einen Capo zu haben und keine Befehle, das ist das Schlimmste, was jemandem, der im Leben etwas Besseres zu tun hat, widerfahren kann.

CAPO Warum?

ORI Weil man gehorchen muss, ohne zu wissen, wem oder was. Und das Leben geht weiter, ohne irgendetwas Konkretes...

CAPO So lange gehorchst du mir. Das ist deine Aufgabe im Leben.

ORI Sie sind kein Befehl, Capo.

CAPO Pass auf, ohne einen Capo kann man keinem Befehl gehorchen.

ORI Aber ohne Befehl kann man auch keinem Capo gehorchen.

CAPO Wer sagt denn, dass ich keinen habe?

ORI Ich dachte, ich hätte mich klar ausgedrückt: wenn Sie einen hätten, hätten Sie ihn schon weitergegeben.

CAPO Das Problem ist, dass du immer das Haar in der Suppe suchst.

ORI Das Problem ist, dass ich Recht habe.

CAPO Ja, ja, aber immer mit der Ruhe, ja? Mir seeehr viel Ruhe, haben wir uns verstanden? Für meinen Geschmack findest du nämlich ein bisschen zu viel Gefallen daran, dich auf die andere Seite der Barrikaden zu schlagen. Recht haben zu wollen. Bleib, wo du hingehörst, verstanden?! Platz! Und sieh zu, dass ich nicht ärgerlich werde... *(Ori hockt sich hin wie ein Hund)* So ist es besser, seeehr viel besser!

ORI Wau-wau.

CAPO Bist du verrückt geworden?

ORI Wenn ich "Platz!" machen soll wie ein Hund, kann ich auch gleich bellen... Warum werfen Sie mir keinen Knochen zu!

CAPO Warte auf die Befehle, heiliger Himmel. Wenn dir gesagt wird, dass du mit allem, was dazugehört, einen Hund spielen sollst, dann bist du berechtigt, mit allem, was dazugehört, einen Hund zu spielen. Auch mit dem Schwanz zu wedeln und dem, der dich am Schwanz zieht, ordentlich Zunder zu geben.

ORI Auch das Bein zu heben?

CAPO In angemessener Entfernung von der Grube, ja.

ORI Ist das ein Befehl, Capo?

CAPO Ach, fick dich doch, Ori.

ORI Sind Sie etwa sauer auf mich?

CAPO Du hast mich in eine schwierige Situation gebracht, Blödmann. "Au weiah, wir sind auf Grund gestoßen, haben Sie weitere Befehle?". Wo soll ich die

denn hernehmen, die Befehle? Vollidiot! Mit deinem dämlichen Verhalten hast du meine Rolle in Frage gestellt, du hast meine *leadership* ins Wanken gebracht. Das hättest du nicht tun sollen, Ori, du hättest mich nicht nach Befehlen fragen sollen, die nicht kommen. Ich habe sie nicht, die Befehle, hast du verstanden? Ich habe sie nicht! Und ich weiß nicht, wie ich aus dieser – gelinde gesagt – unerfreulichen Situation wieder rauskommen soll. Die für mich außerdem auch noch frustrierend ist, was glaubst du denn?
ORI Armer Capo!
CAPO Ich bin es müde, der Capo zu sein.
ORI Sie sind es müde zu befehlen und ich zu gehorchen. Wir sind quitt, Capo.
CAPO Ja, wir sind quitt, Ori.
Nach einer kurzen Pause donnert erneut die Stimme:

ZACK-ZACK!

ORI Verdammt, wir hätten nicht so entspannt sein dürfen. Vorausschauen, auf alles gefasst sein.
CAPO Die lassen ein bisschen locker und ziehen dann auf einmal die Zügel mit unerhörter Kraft wieder an. Bastarde!
ORI Genau! Kaum fängt man an, ein bisschen gesunde Anarchie, autonomes Chaos zu genießen, da springt aus der Unordnung plötzlich der Befehl zum Loslegen. Finden Sie das richtig?
CAPO Nein, Ori, die Sache mit dem „ZACK-ZACK!" geht mir auch auf die Eier, ich kriege eine richtige Gänsehaut davon.
ORI Ich mach das nicht.
CAPO Ich auch nicht.
Erneut donnert die Stimme los, diesmal lauter:

ZACK-ZACK!

ORI Verflucht! Diesmal machen sie wirklich ernst, Capo!
CAPO Ja, echt! Es sieht ganz so aus, als ob die da oben, sehr weit oben, ganz da oben anfangen, die Dinge im großen Stil zu machen. Wurde aber auch Zeit!
Man hört den Knall eines Peitschenhiebs.
ORI Ich habe Angst, Capo.

CAPO   Hoch mit dir, Ori, hoch! *(fängt an, auf der Stelle zu laufen, ohne sich fortzubewegen, weicht sogar langsam in Richtung Grube zurück)*

ORI   Was tun Sie, Capo, Sie laufen verkehrt herum!?

CAPO   Nein, Ori, ich versuche, mich der Anziehungskraft entgegenzusetzen, die von nichts geringerem als der Grube ausgeht. Es gelingt mir aber nicht! Beeindruckend, wieviele Kilotonnen ein solches Loch zu produzieren imstande ist! Wir kriechen ihm geradewegs in den Arsch, Ori! Merkst du das nicht?

ORI   Jetzt spüre ich sie auch. Ich versuche zu laufen, Capo, schauen wir mal, was dann passiert... *(auch er versucht zu laufen, bewegt sich aber rückwärts auf die Grube zu)*

CAPO   Wir sind gerade dabei, uns in einer neuen Disziplin zu spezialisieren: Hundertmeterlauf rückwärts.

ORI   Was heißt hier hundert Meter? In wenigen Zentimetern werden wir von der Grube verschlungen!

CAPO   Lauf, Ori, lauf.

ORI   Halten Sie sich nicht an mir fest, Capo... Sie ziehen mich aus!

CAPO   Unter der Erde wirst du keine Kleider mehr brauchen, Ori.

ORI   Verdammt, meine Schuhsohle hat sich komplett abgescheuert, die Fußsohlen reiben sich schon am Boden. Das brennnnnt vielleicht!

CAPO   Hilfe, Ori!

ORI   Wir stürzen ab, Capo! Es ist eine Blamage, aber so ist es, leider.

CAPO   Du kannst mich mal, Ori! Hattest du nicht behauptet, dass man nicht mehr tiefer fallen kann, wenn man erst einmal am Grund angekommen ist?

ORI   Ich?

CAPO   Ja, du, genau: ich erinnere mich sehr gut daran.

ORI   Kann sein, ich sage so viel, wenn der Tag lang ist.

CAPO   Du Vollidiot! Wenn ich gewusst hätte, wie die Dinge wirklich stehen, hätte ich ein paar Befehle gegeben, die Abhilfe schaffen, was weiß ich? Hätte ein paar Matratzen auf dem Grund auslegen lassen, um den Aufprall abzuschwächen.

ORI   Wie stehen am Abgrund, Capo.

CAPO   Wirf du dich zuerst hinein. *(stößt ihn in die Grube)*

ORI   Aaaaaah! *(verschwindet in der Grube)*

CAPO   So lernt er wenigstens, die Löcher größer zu machen als er selbst ist! *(aus der Grube schnellt Oris Hand hervor, ergreift Capo am Handgelenk und zieht ihn ebenfalls hinunter)* Aaaaah!

VIDEO- UND AUDIO-UNTERBRECHUNG DER INTERNAZIONALEN VERBINDUNG

WIR BEDAUERN DIE UNTERBRECHUNG

DIE AUFFÜHRUNG WIRD SO SCHNELL WIE MÖGLICH FORTGESETZT

Nach einigen Augenblicken der Stille kommen aus der Grube zunächst ferne, dann immer eindeutigere Geräusche, die darauf hinweisen, dass offenbar die Arbeit wieder aufgenommen wurde.

CAPOS STIMME He, ich habe was Hartes gerammt!
Der Capo reckt seinen Kopf aus der Grube. Er trägt einen Bergmannshelm mit angeschalteter Lampe.
CAPO Au weiah, wir sind auf Grund gestoßen, tatsächlich! *(in Erwartung einer Antwort, die nicht kommt)* Verstanden? Wir sind versehentlich auf Grund gestoßen... auf Grund, verdammt nochmal! Das ist noch nie passiert... ausgerechnet mir musste das passieren! Ein Horrortag ist das...! *(versucht noch einmal, sich an jemanden unten in der Grube zu wenden)* Das scheint aber offenbar keinen zu jucken... Ja, ja, natürlich habe ich darauf bestanden... Ich versuche mal, eine Signalrakete abzuschießen, ok? ... aber ob die das mitkriegen... *(pflanzt eine kleine Rakete in der Erde, zündet die Lunte, wartet angespannt und hält sich dabei die Ohren zu, es passiert aber nichts)* Kein Knall? Kein Bumm? Was für eine Scheißrakete ist das denn...!
Ori kommt herein.
ORI Was hast du hier herumzuknallen, Capo? Lässt dich von einer Rakete verarschen?
CAPO Das ist Ori, Leute!
ORI Na, was ist denn, Capo?
CAPO Es ist passiert, Ori.
ORI Was denn?
CAPO Wir sind aus Versehen auf Grund gestoßen.
ORI Zur Hölle mit dir.
CAPO Jetzt legen Sie sich nicht mit mir an, Ori.
ORI Mit wem sollte ich mich denn sonst anlegen?
CAPO Also, schließlich ist *sie* es doch, ich meine, es ist die Grube, die sich auf Grund stoßen lässt...

ORI Die Grube lässt sich auf Grund stoßen und du verplemperst deine Zeit mit Feuerwerk?

CAPO Feuer, ach, woher denn?! Das ist eine Notfallrakete. Sie müsste "knallen", um Aufmerksamkeit zu erregen, verstehen Sie? Stattdessen macht sie einen Scheißdreck...

ORI Mit Vulgärsprache kommt man hier nicht weiter.

CAPO Entschuldigung, Ori, ich wollte doch nur sagen, sie ist nicht losgegangen.

ORI Hör mal zu: ich beobachte dich schon eine ganze Weile, hast du das eigentlich bemerkt? Und du gefällst mir nicht, Capo, nein, eigentlich ist es nicht so, dass du mir nicht gefällst: aber du bist imstande, ein stinknormales Notfalldingsbumms... oh je! Jetzt fange ich auch schon an, so zu reden!?... also eine Signalrakete, die ausschließlich für Notfälle vorgesehen ist, als pyrotechnischen Flugkörper zur Unterhaltung des Publikums einzusetzen.

CAPO Das ist aber ein echter Notfall, kein Entertainment.

ORI Mal abgesehen davon, dass sie, wenn sie eine echte Notfallsignalrakete wäre, bei einem echten Notfall auch hätte losgehen müssen... oder hast du kein Vertrauen in unsere Notfallausrüstung?

CAPO Um Himmels willen, Ori! Ich wollte unsere allseits gerühmte Effizienz keineswegs in Frage stellen, aber...

ORI Na, dann hören wir doch mal: aus welchem Grund hättest du um Notfallhilfe bitten sollen, Capo?

CAPO Aus welchem Grund? Weil wir auf Grund gestoßen sind, Ori.

ORI Das hast du bereits gesagt.

CAPO Gucken Sie doch mal ins Loch, Ori: dann sehen Sie das Desaster.

ORI *(blickt hinein)* Ja, ich sehe es... schönes Schlamassel. Bist du sicher, dass das der Grund ist?

CAPO Verdammt nochmal! Das ist hart wie Stein. Hör doch mal hin... Los, Leute, lasst Ori den Grund hören.

Drei harte Schläge sind zu hören.

ORI Scheint tatsächlich der Grund zu sein. Aber das wundert mich gar nicht... ich meine, nicht allzu sehr. Wenn man gräbt und gräbt, dann muss man ja früher oder später dort ankommen, nicht wahr?

CAPO Dafür sind wir ja hier.

ORI Tiefer als so konnten wir konnten wir nicht gehen, oder?

CAPO Ich würde sagen, nein. Wenn man auf Grund stößt, gibt es nicht allzu viel Grund zur Freude. Es wird jetzt für die Jungs auch schwierig, wieder hochzusteigen.

ORI Tiefer fallen kann man aber auch nicht mehr.
CAPO Vorausgesetzt, da ist kein doppelter Boden.
ORI Quatsch.
CAPO Na, dann eben Quatsch... Wenn Sie das sagen!
ORI Mal was anderes, sieht man was da unten?
CAPO Finster wie in grauer Vorzeit.
ORI Kein Schimmer? Sicher?
CAPO Das hätten wir bemerkt. Ein Schimmer, auch nur der Hauch von einem Schimmer, der wäre da unten bestimmt nicht unbemerkt geblieben.
ORI Und wenn sich einer gezeigt hätte, hättet ihr sofort Abhilfe geschaffen, nicht wahr, Capo?
CAPO Ja, Ori.
ORI Pass gut auf. Es darf keinen Schimmer geben.
CAPO Zu Befehl, Ori!
ORI Gut, so gefällst du mir. Gehorsam und diszipliniert.
CAPO Haben Sie noch weitere Befehle, Ori?

Hinter ihnen erhebt sich ein riesiger Schatten.

ORI Keine Ahnung! Sollte ich welche haben?
CAPO Jetzt hast du das Kommando, Ori.
ORI Das ist schnell gesagt "du hast das Kommando", Capo.
CAPO Das sagst du mir?
ORI Aber... Was ist das denn für eine Vogelscheuche?
CAPO Nie vorher gesehen.
ORI Sieht bedrohlich aus.
CAPO Ach ja?
ORI Mit diesem Knüppel in der Faust verspricht sie nichts Gutes.
CAPO Das ist kein Knüppel, Ori, du Dummkopf. Das ist ein Stock, siehst du das nicht?
ORI Sie will uns mit Stockschlägen traktieren.
CAPO Nicht wirklich, das ist ein Zauberstab.
ORI Und wozu braucht sie einen Zauberstab?
CAPO Um Wunder zu vollbringen, Ori. Um die Grube zu füllen, sie will das bewirken, woran wir elend gescheitert sind.
ORI Capo, du hast wohl Tomaten auf den Augen: das ist eindeutig ein Knüppel. Und meines Erachtens ist er auch noch hart...

CAPO Ori, du Blödmann: siehst Knüppel sogar da, wo die Knüppel Zauberstäbe sind.

ORI Sieht so aus, als würde sie gleich einen Befehl erlassen.

CAPO Armer Ori, für dich ist doch schon ein guter *Rat* wie ein Befehl.

ORI Mit dem Einkaufs*rat*geber fängt es an, mit dem Verwaltungs*rat* geht es weiter und es endet es mit dem Minister*rat* und dem Kriegs*rat*, Capo. Ich kenne die Geschichte.

CAPO Du bist und bleibst ein Pessimist... und auch ein bisschen Defätist, weißt du?

ORI Achtung, Capo: sie ist gerade dabei, einen bindenden Rat zu erteilen!

CAPO Was ist das? Du meinst einen versteckten Befehl? Was für einen Befehl?

Die Stimme bricht über Bühne herein wie eine gigantische Explosion:

CRACK-CRACK!

CAPO He, hat die gesagt "ZACK-ZACK!" oder „CRACK-CRACK!"? Ich habe es nicht richtig verstanden. Wo bist du abgeblieben, Ori? Lass mich nicht allein, bist du in die Grube gefallen? Ori, darf man erfahren, ob sie "ZACK-ZACK!" oder „CRACK-CRACK!" gesagt hat? Was machen wir? "ZACK-ZACK!" oder „CRACK-CRACK!"? Ich komm dich besuchen, Ori, mein Freund...

Der Capo steigt langsam in die Grube, die sich in der Zwischenzeit in einen höllischen Vulkan verwandelt hat und anfängt Feuer zu speien. Vorhang.

ZWEITER AKT

Ori macht den letzten Spatenstich und trocknet sich dann mit einem bunten Taschentuch den Schweiß von der Stirn, nachdem er vorher kräftig hineingeschneuzt hat. Dann setzt er sich in aller Ruhe hin und zieht eine Schachtel Zigaretten heraus.

ORI Getan ist getan!

Ori will sich die Zigarette gerade anzünden, da erscheint der Capo. Grantig.

CAPO Also, was ist hier los?

ORI Nichts, Capo.

CAPO Was heißt das, nichts?

ORI Nichts ist los, Capo.

CAPO Das weiß ich, Ori, das sehe ich. Oder besser: ich sehe dich. In der Tat, du tust nichts, du machst es dir gemütlich. Außerdem bin ich gegen das Rauchen.

ORI Selbst an der frischen Luft.?

CAPO Die frische Luft interessiert doch keine Sau: nicht während der Arbeitszeit!

ORI Nur eine winzige Zigarettenpause, Capo.

CAPO Zigaretten-Pause? Du hast dir schon die Cappuccino-Pause, die Aperitiv-Pause, die Mittags-Pause, die Kaffee-Pause und die Kaffeelikör-Pause gegönnt. Dabei ist die Zigarettenpause noch gar nicht berücksichtigt.

ORI Ich gestatte sie mir trotzdem.

CAPO Im Gegenzug verzichtest du aber auf die Snack-Pause, stimmt's?

ORI Einverstanden, die werde ich überspringen. Es ist ja sowieso nichts mehr zu tun.

CAPO Was hast du gesagt, Ori?

ORI Dass ich gerade eben mit dem Aushub der Grube fertig geworden bin: guck mal, was für ein Loch.

CAPO Fertig?

ORI Fer-tig.

CAPO Wie naiv du doch bist, Ori.

ORI Warum, Capo?

CAPO Weil man mit dem Aushub einer Grube nie fertig wird: je mehr man gräbt, desto mehr wird sie so, wie sie sein sollte: tief.

ORI Also, ich bin fertig damit.

CAPO Seit wann?

ORI Seit Kurzem.

CAPO Hättest du mir nicht Bescheid sagen können?

ORI Das hätte ich unmittelbar nach der Zigarette auch getan.

CAPO Auf deiner Prioritätenliste rangiere ich also hinter der Zigaret-tenpause?

ORI Wenn es darum geht, sogar hinter der Kaffeepause.

CAPO Lassen wir das. Was hältst du davon, hinunterzusteigen und sie in Augenschein zu nehmen?

ORI Wenn Sie darauf bestehen: treten Sie näher.

CAPO Nach dir, Ori, ich folge dir auf dem Fuße...

ORI Nein. Nicht auf dem Fuße. Sie sind wohl verrückt!

CAPO Ori, hör auf, mir zu widersprechen. Du weißt, dass das für dich von Nachteil ist. Steig in die Grube. Das ist ein Befehl. Und wenn ich dir einen Befehl gebe, musst du gehorchen, ob du willst oder nicht. Und zwar auf dem Fuße. Also sofort, umgehend, unverzüglich und ohne mit der Wimper zu zucken. Verstanden?

ORI Sie zuerst, Capo. Bitte sehr.

CAPO Aber! Wieso denn ich zuerst?

ORI Sie haben den Vortritt. "Capo" ist doch ein Synonym für den, "der immer zuerst kommt"? Dementsprechend müssen Sie sich verhalten.

CAPO Der zuerst kommt, nicht der, der zuerst in die Grube steigt. Informier dich! So steht es in meiner Bauordnung und in deinem Einstellungsvertrag: Ori steigt immer als erster runter...

ORI Und natürlich auch als letzter wieder rauf.

CAPO Richtig. Siehst du, dass du auch etwas weißt. Jetzt präg dir auch ein, was es heißt, Capo zu sein. Eine Plackerei, Ori, unbeschreiblich.

ORI Kann ich mir vorstellen. Ich weiß leider nur, was es heißt, Ori zu sein, verdammter Mist!

CAPO Wirklich? Und was heißt es, deiner Ansicht nach, Ori zu sein? Los, nur Mut! Erleuchte mich doch. Überrasche mich, wenn du dazu fähig bist, mit etwas Intelligentem, was dir erklärt, wer du bist und mir, weshalb du in der Grube arbeitest.

ORI Ori kommt von Orest, Capo. Ich wette, dass Sie das nicht wussten.

CAPO Kommt es nicht von Orin? Bist du ganz sicher?

ORI Nein, Capo. Ori kommt von Orest und nicht von Orin. Da bin ich wirklich ganz sicher, verflucht!

CAPO Seltsam. Vom Geruch her würde man andere Schlüsse ziehen... du stinkst nach Latrine, Ori. Wie lange hast du dich im Betriebsklo eingeschlossen, um da deinen Kram zu machen?

ORI Genau die Zeit, die man braucht, um die "Rätsel-Woche" zu lesen – und für den Fall, dass ich mal einen Anruf von einer Quizsendung im Fernsehen kriege, habe ich mir gemerkt, dass Orest der Sohn von Agamemnon und Klytämnestra ist...

CAPO Sag bloß! Genau dazu sind öffentliche Toiletten ja auch da: um das Volk zu bilden, das davon träumt, durch die Teilnahme an einem ordinären Quiz sämtliche Alltagsprobleme zu lösen, so wie du. Du tust mir leid, Ori, Orest oder Orin, wie auch immer man dich nennen mag.

ORI Ori kommt von Orest, Capo. Das war der Bruder von Elektra...

CAPO Dann hättest du aber Elektriker werden sollen, Ori, und nicht Baustellen-Allrounder. Man weiß doch nie, womit man einen wie dich beauftragen soll: Elektro? Wasser? Gas? Maurerarbeiten? Gartenbau? Du kannst doch nur Gruben ausheben, Ori. Das ist die bittere Wahrheit über deine existentielle Kondition, dein überflüssiges Dasein. Oh Mann!

ORI Entschuldigen Sie, Capo, was verstehen Sie unter "existentieller Kondition"?

CAPO Ich rede über dich, du Dummkopf, über dein Leben. Verstehst du das nicht?

ORI Was ist denn so interessant an meinem Leben, dass Sie sich dauernd daran aufhängen?

CAPO Eben nichts. Aber es gibt etwas an dir, was ich nicht so einfach schlucken kann, Ori.

ORI Dass ich mich weigere, als erster runterzusteigen, Capo?

CAPO Auch. Aber ich meinte dabei insbesondere deine berufliche Unzuverlässigkeit.

ORI Zum Beispiel?

CAPO Die Tatsache, dass du mit Ach und Krach von allem ein bisschen kannst, aber nichts richtig gut. Also, du arrangierst dich, so gut es geht, nicht nur in deinem Leben, sondern auch in deinem Beruf. Ein Desaster! Eine Katastrophe! Du bist ein Pfuscher!

ORI Wer, ich?

CAPO Ja, Ori, genau du. Du eignest dir völlig unsystematisch, hier und dort, ein paar Kenntnisse an, in der Hoffnung, bei einem Millionenquiz die richtige Antwort zu geben oder mit einem ebenso lauten wie simplen Hammerschlag ein gravierendes technisches Problem zu lösen. Was allerdings deine Arbeitsleistung von vornherein beeinträchtigt. Weil du nämlich, wenn du die Schaufel benutzt, besser mit der Hacke bist. Wenn du die Hacke benutzt, bist du besser mit dem Spaten. Und wenn du dann auf die saublöde Idee kommst, für eine ebenso zufällige wie notwendige Reparatur einen armseligen Schraubenzieher in die

Hand zu nehmen, dann zeigt sich, dass du nur mit der Handsäge Spitze bist. Du hebst Gruben aus, dabei bist du selbst ein unaufhaltsamer Erdrutsch. Finde dich also damit ab, vergiss Orest – der ist wirklich nichts für dich –, deine Schwester Orina…

ORI Elektra! Nach dem Fall von Troja wurde sie von Zeus in einen Kometen verwandelt…

CAPO Dem Fall von Troja! Etwas Besseres kann man von deiner Schwester auch nicht erwarten, Ori.

ORI Aber Capo…

CAPO Nichts aber! Entschließ dich, als erster in diese verdammte Grube runterzusteigen, den Aushub hast du ja mit exzessiver Verbissenheit gerade abgeschlossen. Tut mir leid, dass ich dich daran erinnern muss!

ORI Exzessiv?

CAPO Schäm dich, Ori. Das macht man nicht. Im Endeffekt ist das im gemeinsamen Interesse: in deinem, dass du schaufelst und in meinem, dass ich dir den Befehl zum Schaufeln gebe. Es ist peinlich, dass ich dir ständig den Arsch retten muss, damit mir aufgrund deiner menschlichen wie beruflichen Beschränktheit nicht selbst der Arsch auf Grund geht! Und wie stehe ich bei der Grubenleitung da, wenn du mal wieder eine ganze Grube aushebst, wo gerade mal ein kleines Loch in den Asphalt genügt hätte, um zwei winzige Abflussrohe durchzuleiten? Weil es sich nämlich um eine Kanalisation handelt, Ori, Orest oder Orin, wie auch immer, nicht um einen unterirdischen Tempel für irgendeine deiner okkulten Gottheiten der Arbeitswelt.

ORI Amen!

CAPO Geh, steig in Frieden in die Grube, Ori. Für den Augenblick habe ich dich, glaube ich, ausreichend zugetextet. Was ist los? Reicht es dir noch nicht? Warum siehst du mich an wie ein wandelndes Fragezeichen? Mein Gott, bist du ein harter Knochen, härter als der Grund der Grube.

ORI Erlauben Sie mir ein Wort, Capo?

CAPO So lange es nur eins ist.

ORI Es ist das Privileg eines respektgebietenden Capos, bis zum Beweis des Gegenteils ein gutes Beispiel zu geben.

CAPO Was willst du damit sagen?

ORI Sind Sie sicher, ein respektgebietender Capo zu sein?

CAPO Natürlich lasse ich mich respektieren. Das fehlte noch, dass ich mich nicht respektieren lasse.

ORI Dann gehen Sie doch mit gutem Beispiel voran, wie es die bewährteste Gepflogenheit einer jeden guten Praxis vorschreibt.

CAPO Wie denn?

ORI Schlicht und einfach: indem Sie vor mir in die Grube hinabsteigen.

CAPO In deinen Augen wäre das "ein gutes Beispiel geben"?

ORI Oh ja.

CAPO Armer Ori, wie naiv du bist. Sieh mal, die Dinge sind nicht so einfach wie du glaubst. Es ist ja nicht so, dass ich einen Rückzieher mache. Ich würde mit Vergnügen vor dir runtersteigen, und sei es nur, um dir zu zeigen, dass ich keine Angst vor der Dunkelheit habe. Es ist eher die Verantwortung, weil ich für dich in meiner Eigenschaft als dein erster Ansprechpartner in einem Maße unentbehrlich bin, dass ich besser kühlen Kopf bewahre. Verstehst du? Es ist nur zu deinem Wohl, wenn ich nicht als erster runtersteige. Dafür solltest du mir dankbar sein. Nun ja, in einem Herzen aus Stein wie deinem ist die Dankbarkeit leider nicht heimisch... Nach dir, Ori.

ORI Keine Angst, Boss. Einen toten Capo kann man problemlos ersetzen. Gehen Sie nur, gehen Sie voraus, nach Ihnen... Um mich machen Sie sich mal keine Sorgen: was auch immer geschieht, ich kann übergangsweise sehr gut ohne Capo auskommen. Im Übrigen ist der einzige Befehl, den Sie mir bislang in der Lage waren zu geben, inzwischen mehr als monoton: graben, graben, graben und nochmals graben. Sie haben nicht einmal gemerkt, dass wird kurz davor waren, auf Grund zu stoßen!

CAPO Deine Provokation nehme ich an. Aber denk mal nach. So wie man einen Capo wie mich ersetzen kann, kann man erst recht einen Totengräber wie dich ersetzen. Wie du siehst, hat uns deine Dickköpfigkeit in eine Sackgasse gebracht. Zufrieden?

ORI Das heißt?

CAPO Eine ebenso unangenehme wie gefährliche Situation des Stillstands am Rande der Grube. Jeden Moment könnte uns die Erde unter den Füßen wegrutschen. Und mit wem wollen wir uns dann anlegen? Ich weiß nicht, wie du das siehst, aber notgedrungen müsste ich mich als erstes mit *dir* anlegen.

ORI Wieso denn?

CAPO Weil es zu meinen Aufgaben gehört, die Grube zu inspizieren so wie es erklärtermaßen zu deinen Aufgaben gehört, mir für die Inspektion den Weg zu bahnen. Ob dir das nun passt oder nicht!

ORI Dann machen wir doch Kopf oder Zahl, wer als erster hinabsteigt?

CAPO Das fällt mir im Traum nicht ein. Ich habe nicht die Absicht, meine Entscheidungen von den Absonderlichkeiten dieses Falles abhängig zu machen. Und noch weniger vom Spiel des Zufalls. Außerdem muss ich annehmen, dass du, der du den Aushub ausgeführt hast, wenn du nicht vorangehen willst, deiner eigenen Arbeit nicht über den Weg traust. Hast du nach meinen Anweisungen gearbeitet, Ori?

ORI   Na klar!

CAPO   Du hast dir doch nicht irgendetwas Seltsames einfallen lassen?

ORI   Mir etwas einfallen lassen? Warum sollte ich das tun!?

CAPO   Gut! Dann kannst du mir dein gutes Gewissen demonstrieren, indem du die Vorhut machst.

ORI   Nein, nein, und nochmals nein. Ich habe Angst vor dem Nichts, Capo.

CAPO   So tief wirst du doch nicht gegraben haben, hoffe ich. Beim Nichts wirst du doch nicht angekommen sein. Also: Du steigst jetzt unverzüglich in die Grube! Ich wiederhole: das ist ein Befehl, nicht der gute Rat eines Freundes, der insgeheim vielleicht ein Interesse hat, dich für eine Weile aus der Schusslinie zu bringen, um in der Zwischenzeit ein bisschen Spaß mit deiner Frau zu haben....

ORI   Was hat meine Frau damit zu tun, Capo!?

CAPO   Sie hat etwas damit zu tun, bei Gott! Ich will ja nicht, dass du dich aufführst wie dein Namensvetter, der griechischer Held, das wäre zu viel verlangt! Und auch nicht wie der Mann, der du nicht bist. Sondern nur wie der gute Arbeiter, der am Abend zu seiner Frau nach Hause kommt, die tagsüber ein bisschen Spaß mit jemand anderem gehabt hat, um sich dann mit einem Küsschen auf die Stirn und den Resten vom Mittagessen abspeisen zu lassen.

ORI   Das sind reine Behauptungen, ohne jedes Fundament: ich esse abends gar keine Reste, eher koche ich mir selber etwas.

CAPO   Hol die Eier aus der Hose, Ori. Sonst bist du geliefert! Dann entlasse ich dich nämlich und deine Frau hebt dir nicht einmal mehr die Reste auf. Und du weißt, was ich mit Reste meine!

ORI   Verdammte Grube.

CAPO   Keine Ausreden, Ori. Die Befehlskette ist hierarchisch, seit die Welt besteht. Der Capo befiehlt und die einfachen Arbeiter wie du ...

ORI   Verarschen Sie.

CAPO   Genau, siehst du? Den Kehrreim kennst du.

ORI   (*Ori blickt in das Loch und weicht schaudernd zurück*) Scheißwelt!

CAPO   Leg dich nicht mit der Welt an, Ori, die hat dir noch nie etwas wirklich Schlimmes angetan.

ORI   Noch nichts? Schöner Trost... Wer weiß, was sie mir noch antun wird, die Welt, um ihr Werk der Zerstörung eines Menschen zu vollenden. Mein ganzes Leben lang hat sie sich gegen mich verschworen. Nie ein Funken Hoffnung, kein Schimmer einer leuchtenden Zukunft. Wissen Sie, was für mich das Morgen ist?

CAPO Ich kann es mir vorstellen. Die nächste Ratenzahlung.

ORI Oder die Telefonrechnung.

CAPO Wie banal!

ORI Die Kunst besteht darin, sie tatsächlich zum fälligen Termin zu bezahlen. Ich könnte mich sonst wohin treten, ich bin ständig knapp bei Kasse!

CAPO Nicht schimpfen. Alles in allem ist da doch niemand, der dich wirklich fertig macht. Die Welt hat nämlich beschlossen, dir nur eine erste kleine Kostprobe ihrer Gemeinheit zu geben. Noch wirst du mit dem Florett bearbeitet, die echten Bomben kriegst du später auf die Rübe!

ORI Ich schimpfe nicht: ich verfluche lediglich den Tag, an dem ich geboren wurde.

CAPO Das hättest du dir eher überlegen sollen. Jetzt ist es zu spät.

ORI Das weiß ich leider. Ich muss runter in die Grube.

CAPO Haben wir uns endlich entschlossen?

ORI Haben *wir*, Capo? Sie sagen das in der Mehrzahl?

CAPO Klammer dich nicht an diese syntaktischen Feinheiten, Ori. Sie könnten das nicht unerhebliche Gewicht deiner fetten Dummheit auch nicht abstützen. Vielmehr solltest du dafür sorgen, dass die Strickleiter gut befestigt ist, pass bloß auf! Ich möchte nämlich nicht, dass du dir beim Runtersteigen weh tust, Ori. Weil ich in dem Fall nämlich nicht umhin käme, das "mea culpa, mea culpa, mea maxima culpa" zu zitieren. Geh schon: du hast den Segen der Firma und mein ganzes menschliches und professionelles Verständnis. Was willst du mehr? He, was willst du? Warum stehst du so still und reglos wie einer dieser Masten von der Schwester deines Namensvetters, wie heißt er noch, Orest…

ORI Elektra?

CAPO Eigentlich wollte ich Strommast sagen. Aber Elektra scheint mir für das Konzept des Mastes noch zutreffender. Bravo, Ori, du machst Fortschritte. Aber beweg dich, bleib nicht stehen, Mensch!

ORI Ich bestehe darauf: meine einzige Schuld ist die, auf die Welt gekommen zu sein.

CAPO Was für ein Quatsch! Ich bin doch auch auf die Welt gekommen. Und wie ich Milliarden von Menschen, die sich mehr oder weniger berechtigt mit denen anlegen, die sie auf die Welt gebracht haben. Die selbst, und ich spreche von unseren lieben Eltern, zum eigenen Unglück und unseres hier angekommen sind und dieses Tal der Tränen betreten haben, das beschönigend „Gesicht der Erde" genannt wird. Das aber nichts ist als eine Karnevalsmaske, hinter der ein tentakelartiges Monstrum sein furchterregendes Aussehen zu verbergen sucht.

ORI Lassen Sie es im Nebel des Undefinierbaren nicht mit den Flügeln schlagen. Nur Mut, nennen Sie das Monstrum beim Namen und Vornamen.

CAPO Ja, und willst du auch die Adresse und die Telefonnummer?!

ORI Das Leben an sich ist schon abstoßend genug: erinnern Sie mich nicht auch noch an die Telefonrechnung, Capo! Ich bitte Sie, die ist schon überfällig.

CAPO Wirklich? Das Leben ist grässlich und das Telefon teuer? Da gebe ich dir natürlich recht, Ori. Füge aber hinzu: *cui prodest*? Das heißt, was nutzt es, sich so damit herumzuschlagen?

ORI Es nutzt, es nutzt… mein Bedarf ist gedeckt und wenn der Bedarf erst mal so gedeckt ist wie bei mir …

CAPO Dein Bedarf ist gedeckt? Da muss ich aber lachen. Wie das denn!?

ORI Im weitesten Sinne, Capo.

CAPO Ah! Auf jeden Fall musst du dir darüber im Klaren sein, dass du mit deinen berechtigten, aber allzu willkürlichen Klagen nichts Neues sagst. Weil, wie heißt das noch? geteiltes Leid halbes Leid ist. Du solltest dich also mit deiner Existenz abfinden, genau wie es alle anderen tun müssen, ich an erster… ach, lassen wir das!!! Finde dich also ab und lass mich mit diesem Blödsinn in Ruhe. Der geht vorbei, sobald es dir gelingt, einen tröstlichen Schluck an der Quelle des Lebens nehmen…

ORI Hört sich einfach an! Aber das Gefühl ist zu stark, als dass es mit einem Glas Wasser aus dieser Quelle oder einem Aperitiv in der Bar zu sedieren wäre.

CAPO Willst du lieber einen Schlag auf den Kopf?

ORI Den können Sie mir ruhig geben, dann ist das Bild meiner Niederlage vollkommen.

CAPO Nur nicht den Mut verlieren. Ich hoffe, dass meine kleine Predigt deinen mutlosen (und entmutigenden, glaub mir) Seelenzustand wieder ein bisschen aufgerichtet hat, auf dass du jetzt, ich will nicht sagen erleichtert, aber zumindest geistig entlastet in die Grube steigen kannst.

ORI Langsam, langsam, ihre Wortspiele fangen an, mich zu ermüden.

CAPO Spiele, nennst du das? Nun gut, wenn du es wissen willst, ich fange nämlich an, von deiner geistigen Armut bzw. deinem absoluten Mangel an Geist ermüdet zu sein. Weißt du, für einen Capo wie mich ist es nämlich sehr unbefriedigend, einen traurigen und gehörnten Miesepeter wie dich zu befehligen.

ORI Gehörnt und geprügelt, Capo. Da haben Sie wirklich Recht!

CAPO Wie du willst, Ori. Kein Problem. Viel Spaß in der Grube!

ORI Auch Ihnen viel Spaß in der Grube, Capo.

Musik. Dunkel.

DRITTER AKT

Das Innere einer Grube. Audio: unheimliche Hintergrundgeräusche. Aus der Höhe steigt Ori auf einer Strickleiter herab.

CAPO Wie weit sind wir, Ori?

ORI Ich bin noch beim Abstieg.

CAPO Dann beeil dich. Worauf wartest du? Wir haben nicht mehr den ganzen Tag vor uns.

ORI Bin ich eigentlich versichert, Capo?

CAPO Du gehst mir auf den Geist, Ori. Steig runter. Ich kann dein Bedürfnis nach Absicherung und Sozialmaßnahmen verstehen. Aber was zu viel ist, ist zu viel.

ORI Wenn ich mir aber das Genick breche, dann habe *ich* ein Problem mit dem Geist. Für immer!

CAPO Hast du den Helm auf? Ja? Dann ist alles in Ordnung. Was auch immer geschieht, es kann statistisch nicht als ein weiterer Fall von grober Fahrlässigkeit betrachtet werden, sondern nur als ganz banaler Arbeitsunfall, von denen es jeden Tag in der Berichterstattung nur so wimmelt. Lass dich nicht von dem erschrecken, was auf anderen Baustellen passiert: hier befehle ich.

ORI Genau das ist es ja, was mir Sorgen macht, Capo.

CAPO Wenn ich dir sage, dass dir nichts passieren wird, dann dürfte dir theoretisch nichts passieren. Glaub mir.

ORI Dann erzählen Sie das doch meinen Gläubigern. Wenn *die* Vertrauen haben...

CAPO Wie lange du brauchst!

ORI Nicht ich, die Strickleiter ist so irrsinnig lang. Wenn man sie trägt...

CAPO Sie ist immer länger geworden, weil du immer mehr Erde ausgehoben hast.

ORI Außerdem habe ich zu viele Gläubiger, Capo. Für mich wäre es eigentlich von Vorteil, wenn ich mich für immer hier unten verstecken würde.

CAPO Red keinen Blödsinn. Dann kämen die Gläubiger zu mir, um sich zu erkundigen, wo du abgeblieben bist.

ORI Würden Sie es ihnen denn sagen? Würden Sie mich verraten? Antworten Sie: lassen Sie mich nicht im Ungewissen.

CAPO Ich habe dich eingestellt, also hast du mir gegenüber eine Dankesschuld.

ORI Was soll das heißen?

CAPO Es heißt, dass auch ich einer deiner Gläubiger bin, mein Lieber. Wo willst du dich da verstecken?

ORI   Ich schulde Ihnen aber kein Geld.

CAPO   Das war eine Hyperbel, Ori.

ORI   Besser, ich frage Sie nicht, was eine Hyperbel ist: ich habe da ein ziemlich übles Vorgefühl.

Ori beginnt mit dem Abstieg.

CAPO   Deine linguistischen Zweifel kannst du dir gerne bewahren. Aber... wenn du zum Punkt kommst, pfeifst du.

ORI   Zum Punkt?

CAPO   Das ist so eine Redensart, du Esel. Kennst du keine Redensarten? Ist dir das in der Schule nicht beigebracht worden?

ORI   Nun ja, nicht alle.

CAPO   Es ist ja schon gut, dass du meine Sprache verstehst.

ORI   Es ist keine Frage der Sprache, Capo, sondern der Ausdrucksweise. Wir sind nicht auf der gleichen Wellenlänge, deshalb haben wir Mühe, uns über verbale Kommunikation zu verständigen. Also, wir benutzen unterschiedliche, wenn auch ähnliche Ausdruckskodizes. Ich spreche wie Ori und Sie wie Capo.

CAPO   Das ist aber nicht auf deinem Mist gewachsen, Ori. Das hast du bestimmt bei einer deiner Gewerkschaftsversammlungen gehört. Du musst aber wissen, dass es sich dort nur um Sprechblasen handelt, die auf Wirkung angelegt sind, deren Bedeutung man aber nicht wirklich versteht. Mit denen bist du aufgehetzt worden, um deine ohnehin schon kümmerlichen Ideen noch mehr durcheinander zu bringen.

ORI   Eigentlich haben aber Sie mich mit Ihren blöden "Punkt" viel mehr durcheinander gebracht.

CAPO   Blöd? Das notiere ich mir... (schreibt in ein Notizbuch) Jedenfalls, zu deiner Information, will ich Folgendes sagen: sobald du am Grund ankommst, am Gipfel deines Abstiegs, also am Punkt, dann pfeifst du. Hast du jetzt verstanden? Ein ganz einfacher Pfiff. Pfiff! Grund und Pfiff! Klar?

ORI   So ein Schäfer-Pfiff?

CAPO   Irgendein Pfiff, du Sauhund!

ORI   Pfiff... Hund. Verstanden.

CAPO   Du hast einen verdammten Scheißdreck verstanden, Ori. Für mich sollst du pfeifen, nicht für den Hund. Und nicht mal für die Sau. Für mich, haben wir uns verstanden?

ORI   Verstanden.

CAPO Das wurde aber auch Zeit. *(zu sich)* Um den mental in die Gänge zu kriegen, braucht man manchmal einen Abschleppwagen. Wie ich mich über den ärgere, wenn er so ist! Schlimmer als ein Maultier!

Ori kommt auf dem Grund an. Sieht sich ängstlich um.

ORI (zu sich) Ich hab's ja gesagt, wenn man dem Capo glaubt, wird man nur verarscht.

CAPO Also?

Ori versucht, einen kräftigen Pfiff auszustoßen, was ihm aber nicht gelingt. Also beginnt er, leise zu pfeifen. Nach einigen Augenblicken ist der Capo des Wartens überdrüssig und protestiert.

CAPO Meine Güte, Ori, bist du inzwischen auf diesem beschissenen Grund angekommen, ja oder nein?

ORI Ja, Capo, ich bin angekommen.

CAPO Warum pfeifst du nicht, wie vereinbart?

ORI Ich kriege den Schäferpfiff nicht hin, weil mir vor Panik die Lippen zittern. Um aber trotzdem gewissenhaft Ihrem Befehle zu gehorchen, habe ich angefangen zu pfeifen wie… wie ein Rotkehlchen. Verzeihen Sie den poetischen Ausdruck.

CAPO Rotkehlchen zwitschern, die pfeifen nicht, du großer Romantiker!

ORI Was ist denn der Unterschied?

CAPO Zwischen einem Schäferpfiff und dem Zwitschern eines Rotkehlchens ist ein himmelweiter Unterschied, Ori. Glaubst du denn, dass so ein zarter Lockruf bis hier oben durchdringt? Weißt du, warum die Rotkehlchen Rotkehlchen heißen? Weil sie, wenn sie ihren sexuellen Lockruf ausstoßen, vor Scham erröten. Und du? Du schämst dich gar nicht, sie so schamlos zu imitieren? Pass nur auf, die Lust darauf, mich zu verarschen, werde ich dir schon austreiben…

ORI Ich habe aber gar keinen sexuellen Lockruf ausgestoßen, ich wollte Sie nur rufen.

CAPO Das fehlte noch, dass du meine Aufmerksamkeit mit einem ordinären sexuellen Lockruf erregen wolltest, vielleicht sogar in der Hoffnung, dass ich anbeiße und dir dann auch zuzwitschere. Komm nur nicht auf komische Ideen, verstanden!

ORI Verflucht seien alle Capos und die, die sie uns vor die *Nase* gesetzt haben.

CAPO Das habe ich sehr wohl gehört: und darüber werde ich Bericht erstatten. Du hast gesagt, alle Capos sind eine *Blase*.

ORI Ich habe gesagt „vor die Nase", nicht „Blase", Capo. Auch Sie werden doch von jemandem eingestellt worden sein… Und mit dem lege ich mich an, mit dem, der Sie mir vor die Nase gesetzt hat, bestimmt nicht mit meinem direkten Vorgesetzten.

CAPO Siehst du, wie dumm du bist? Ich stehe nicht über dir, weil ich dir von jemandem vor die Nase gesetzt wurde, sondern weil du unter mir abgestiegen bist.

ORI In die Grube?

CAPO Genau.

ORI Na ja, ich bin nicht freiwillig abgestiegen.

CAPO Habe ich dich vielleicht hinuntergestoßen? Nein, Ori, ich habe dich durch den Gebrauch der Intelligenz, auf der meine Autorität beruht, einfach davon überzeugt. Durch meine Überlegenheit.

ORI Ich habe mich doch nur auf Ihre Funktion bezogen, Capo. Nicht auf Ihre aktuelle Vormachtstellung.

CAPO Was dich aber nicht davon entbindet, dass du, wenn du mich rufen sollst und nicht imstande bist zu pfeifen, deine Stimme gebrauchen könntest.

ORI *Sie* haben mir doch gesagt, dass ich pfeifen soll.

CAPO Wenn ich dir also sage, dass du dich in die Grube werfen sollst, was tust du dann, wirfst du dich hinein?

ORI Capo, ich komme jetzt wieder nach oben und haue Ihnen eine rein!

CAPO Nein, Ori, du bleibst unten, es ist nicht notwendig, dass du wieder hoch kommst. Du brauchst mir nichts zu demonstrieren. Vermeide Kraftakte jeder Art, zum Beispiel ohne Genehmigung aus der Grube rauszusteigen, denn das könntest du bitter bereuen. Notfalls komme ich selbst runter, um mich auf dein Niveau zu begeben.

ORI Dann beeilen Sie sich aber mit dem Runterkommen: es ist fast Mittagspause.

CAPO Denkst du immer nur ans Essen, Ori?

ORI Wenn es Zeit ist, ja.

CAPO Halt mir die Strickleiter, Ori. Das ist ein unumstößlicher Befehl.

Der Capo beginnt mit dem Abstieg.

ORI Einverstanden. Mir hat beim Hinuntersteigen aber niemand die Strickleiter gehalten. Ich habe dermaßen das Gefühl gehabt, in der Luft zu hängen, dass ich an meinem Klassenbewusstsein gezweifelt habe. Und ein Arbeiter ohne Klassenbewusstsein ist wie ein Akrobat im luftleeren Raum.

CAPO Wir machen es so: wenn wir wieder hochsteigen, steige zuerst ich hoch. Dann sind wir quitt. Und den Vorschriften ist genüge getan. Ist dein Klassenbewusstsein damit zufriedengestellt?

ORI Schöne Vorschrift: die muss von einem Capo wie Ihnen erlassen worden sein.

CAPO Was willst du damit sagen? Dass sie nicht neutral genug ist?

ORI Ich will damit sagen, dass es – wie auch immer man es dreht und wendet – immer wir sind, die verarscht werden.

CAPO Hör auf, dich zu beklagen, Ori. Stochere nicht dauernd in der Grube herum mit dieser Quengelei, die stinkt nach überholten ideologischen Arsenalen. Im Übrigen ist diese Nummer mit dem Klassenbewusstsein ohnehin ein Märchen, an das keiner mehr glaubt. Du doch auch nicht. Arbeiter wie du sind inzwischen völlig verbürgerlicht, sie haben sich mit Sack und Pack in der Grube eingenistet und behaupten, sich da wohlzufühlen.

ORI Die Glücklichen!

CAPO Fühlst du dich denn nicht wohl in der Grube, Ori?

ORI Ich weiß es nicht: ich muss es erst austesten.

CAPO Deshalb sind wir ja hier: um die Grube zu inspizieren, sie zu testen und abzusegnen. Einwände?

ORI Nein. Noch nicht.

CAPO Besser so.

ORI Aber...

CAPO Ah ah! Wage es nur nicht, verstanden?!

ORI Vergessen Sie es, Capo.

Der Capo kommt bei Ori auf dem Grund der Grube an...

CAPO Das ist also der Grund der Grube.

ORI Punkt.

CAPO Punkt, was? Bist du bescheuert?

ORI *Sie* dürfen wohl Punkt sagen und ich nicht?

CAPO Ach was, Punkt und Punkt! Gib mir lieber ein Update, du Vollidiot!

ORI Wie bitte?

CAPO Habe ich dich zur Vorerkundung heruntergeschickt oder nicht?

ORI Wenn *Sie* das sagen.

CAPO Und was hast du dabei entdeckt, du Trottel?

ORI Dass es keine gute Idee war, in die Grube zu steigen.

CAPO Wir hatten keine Wahl. Außerdem ist es hier unten doch gar nicht so schlecht. Findest du nicht?

ORI Na ja, man sieht nichts...

CAPO Schade: ich hätte gern einmal gesehen, wie eine Grube von innen aussieht.

ORI Kann ich wieder nach oben?

CAPO Warum die Eile? Hast du etwas zu verbergen?

ORI Wer? Ich?

CAPO Du fürchtest wohl, ich könnte herausfinden, dass du den Aushub der Grube schlampig und Hals über Kopf ausgeführt hast?

ORI Das Loch ist da, Sie haben es komplett vor Augen. In der Länge und in der Breite.

CAPO Aber du sagst doch selbst, dass man nichts sieht!

ORI Genau, man kann nicht bis ganz ans Ende sehen. Was wollen Sie mehr!?

CAPO Loch ist schnell gesagt. Aber Loch ist nicht Loch. Zum Beispiel.... Ori?

Aus dem Inneren der Grube dringen ominöse Geräusche.

ORI Ja, Capo?

CAPO Was sind das für Geräusche?

ORI Das weiß ich nicht, Capo. Vielleicht eine Verstopfung.

CAPO Eine Verstopfung? Der Gru-be?

ORI Bammel?

CAPO Nein. Vorsicht.

ORI Nun ja, jetzt werden Sie verstehen, warum ich nicht als erster runter wollte.

CAPO Und weshalb hast du mich als zweiter runtersteigen lassen?

ORI Weil Sie der Capo sind und sich deshalb mit eigenen Augen davon überzeugen müssen, was in der Grube los ist.

CAPO Die Grube gehört zu meinem Kompetenzbereich, soweit es den Ablauf der Bauarbeiten, den Einsatz des Personals, die Schichten betrifft. Das Innere der Grube dagegen ist dein Werk, fällt also in deinen direkten Verantwortungsbereich. Wenn die Grube nämlich plötzlich einstürzen sollte – und wir drücken natürlich fest die Daumen, dass das nicht passiert –, wer, glaubst du, muss dann herhalten? Ich, der ich dir vertraut habe oder du, der du mein ganzes Vertrauen besessen hast?

ORI Was weiß ich?!

CAPO Du kommst mir vor wie ein höhlenbewohnender Urmensch: du bist wirklich das Abbild dieser verdammten Grube, ach, weiß du, was? Ihr seid wie füreinander gemacht!

Aus den Eingeweiden der Grube züngeln Flammen.

ORI Gestatten Sie mir eine Frage, Capo?

CAPO Eigentlich dürfte ich in diesem entscheidenden Augenblick meiner Existenz nur Antworten entgegennehmen, aber wenn es unbedingt notwendig ist… raus damit.

ORI Glauben Sie, dass es eine gute Idee gewesen ist, Capo?

CAPO Was denn Ori? Ich hasse es, auf eine Frage mit einer weiteren Frage antworten zu müssen: dann hast du dich entweder schlecht ausgedrückt oder ich habe nicht richtig verstanden. Was wolltest du sagen?

ORI Ich wollte fragen, ob es in Ihren Augen eine gute Idee war, in die Grube zu steigen.

CAPO Wenn du, der du die Grube eigenhändig ausgehoben hast, das nicht weißt!? Du müsstest sie kennen wie deine Westentasche.

ORI Ich habe nur zu dem Unternehmen beigetragen. Allein hätte ich das nie geschafft. Meine Kenntnis der Grube beschränkt sich ausschließlich auf die Phase der Erdarbeiten. Aber die Konstruktion einer solchen Grube wird ja nicht auf gut Glück in Angriff genommen: Ausgangspunkt ist ein präzises Projekt, ein Zweck, eine Idee, die ich selbstverständlich in ihrer Komplexität nicht erfassen kann. Ich habe lediglich bis aufs i-Tüpfelchen Ihre Anweisungen ausgeführt. Sie haben mir gesagt, ich soll graben und ich habe gegraben. Wie ein Besessener.

CAPO Na ja, jetzt wird dir wenigstens darüber klar, dass du ein bisschen übertrieben hast.

ORI Ein bisschen?

CAPO Na klar! Du hast deine Aufgabe gewissenhaft erfüllt, das ist richtig und dafür verdienst du eine Belobigung. Aber…

ORI Aber?

CAPO Du bist schneller fertig geworden als vorgesehen und hast mich damit in Schwierigkeiten gebracht. Scheiße!

ORI Tut mir leid.

CAPO Was soll die Gruben-Leitung mit einer vorzeitig fertiggestellten Grube anfangen?

ORI Welche Frist war für die Fertigstellung vorgesehen, Capo?

CAPO Was weiß ich! Das ist mir nie gesagt worden.

ORI Was soll das heißen? Ihnen als Capo und ist nie offiziell mitgeteilt worden, wann die Abnahme der Grube stattfinden sollte?

CAPO Ich bin nicht der absolute Capo, Ori, ich bin nur *dein* Capo. Ein kleiner Capo. Ich geb die Sachen einfach weiter. Das ist meine Aufgabe. Zum Beispiel: sagt Ori, er soll graben. Sagt ihm, er soll aufhören…

ORI Dass ich aufhören soll, hat mir, ehrlich gesagt, nie jemand mitgeteilt. Vielleicht ist es vergessen worden. Und ich habe weitergegraben, beharrlich, Tag und Nacht, und dabei sogar meine ehelichen Pflichten vernachlässigt.

CAPO Deine Schuld, Ori, wenn sich die Baugrube in ein Monstrum verwandelt und deine Frau dir derweil Hörner aufsetzt.

ORI Das ist nichts Neues, Capo.

CAPO Klar. Du hast übertrieben. Maßlose Hingabe an die Pflicht kann genauso kontraproduktiv sein wie vierundzwanzig Stunden am Tag Liebe machen, sieben Tage die Woche.

ORI Ich dachte, ich tue das Richtige. Mich vor Ihnen ins rechte Licht zu setzen....

CAPO Und das ist dir gelungen, Ori, und wie es dir gelungen ist. Es war ein solches Vergnügen, ein pyrotechnisches Spektakel, dich graben zu sehen, dass ich mir gesagt habe: der Mann hat die Schaufel im Blut. Dabei habe ich versäumt, dir mitzuteilen, dass es an der Zeit war aufzuhören.

ORI Ich habe mir die Hände blutig gescheuert für nichts!

CAPO Oberflächliche Abschürfungen. Sieh dir lieber mal an, was du mit der Grube angestellt hast. Eine weitere dicke Narbe, die unserer geschundenen Erdrinde zugefügt wurde. Die hat durch die Konsumgesellschaft eigentlich schon mehr als genug erlitten. Und dir unzivilisiertem Menschen hat eine einfache Grube *sui generis* wohl nicht gereicht?

ORI Wenn Sie wüssten, was das für ein Kraftakt war, dann würden Sie diese Grube nicht so in zwei Worten liquidieren! *Sui generis*? Sehen Sie sich doch mal an, wie tief sie ist.

CAPO Ich habe es dir ja schon gesagt, Ori. Du hättest es bequemer angehen sollen, ja, mit leichter Hand. Hättest ab und zu eine schöne Zigarette rauchen und um Genehmigung bitten können, deine Gattin zum Tierarzt zu begleiten ... dann hätten sich die Arbeiten in die Länge gezogen, ich wäre hier weiter der Capo geblieben und du hättest unter meiner Aufsicht weiter in der Erde gebuddelt. Wo war denn da das Problem?

ORI Gebuddelt?

CAPO Na ja! Es war doch gar keine Eile geboten. Das Problem ist nur, sobald man dir eine Schaufel in die Hand drückt, bist du nicht mehr zu halten. Dann denkst du nur noch ans Schaufeln. Und vor lauter Schaufeln bist du auf den Grund geraten, ohne auch nur den geringsten Gedanken an die katastrophalen Folgen dieses ebenso noblen wie kontraproduktiven Pflichtbewusstseins zu verschwenden.

ORI Mir kommen die Tränen, Capo.

CAPO Das sollte dir eine Lehre sein, falls es nochmal eine Grube auszuheben gilt.

ORI Noch eine Grube? Nein, Capo, für heute habe ich meinen Beitrag geleistet. Stopp, wegen Urlaubs geschlossen.

CAPO Wenn ich dir also das nächste Mal sage, dass du graben sollst, wirst du das großzügig auslegen, mit leichtem Herzen an die Sache herangehen, du wirst dir nicht mehr die Hände abschürfen und vor allem wirst du nicht vorzeitig auf Grund stoßen. Weißt du, eigentlich sollte man versuchen, überhaupt nicht auf dem Grund anzukommen, dann kann man die Baustelle ständig am Laufen halten. Als „offene Baustelle", *work in progress*, wie die Amerikaner das nennen. Auf dass ich dir weiter befehlen kann zu graben und du gehorsam und unbeirrbar weiter graben kannst.

ORI Unbeirrbar, Capo?

CAPO Ich wollte dich nicht etwa beleidigen, ok?

ORI Ich bin doch gar nicht beleidigt! Wegen so was: das ist doch absurd! Unbeirrbar ist das mindeste...

CAPO Es freut mich, dass du deine Fehler einsiehst. Abbitte leistest.

ORI Der Fehler ist, dass ich keinen Notausgang gegraben habe.

CAPO Armer Ori, du solltest keine Hintertüren suchen, wo keine vorgesehen sind. Sie können auch gar nicht da sein, denn wenn es sie gäbe, dann wäre es keine Grube mehr, sondern ein Luna Park. Apropos, bist du schon mal in einer Geisterbahn gewesen?

ORI Mit meiner Frau. Wir haben die Flitterwochen dort verbracht, Capo.

CAPO Ehrlich gesagt, ich verstehe deine existenzielle Situation als Arbeiter, immer am Rande des Abgrunds bzw. der Grube, die drohende Arbeitslosigkeit mit allen Konsequenzen für dich und die Familie, die so ein Zustand mit sich bringt: Ansehensverlust, Bedrohung der persönlichen Identität, das Gefühl innerer Lehre, die soziale und menschliche Isolation, die Flaute im Bett, die Furcht vor nachlassender Fortpflanzungsfähigkeit...

ORI Was heißt Flaute im Bett?

CAPO Das heißt, deine Frau droht dir, dass sie sich von dir nicht mehr vögeln lässt, wenn du deinen Job in der Grube verlierst. Du musst aber lernen, gute Miene zum bösen Spiel zu machen. Die Karriere als Ehemann und Vater solltest du von deinem Status als beschränkter Arbeiter absolut getrennt halten. Das Privatleben darfst du nicht mit der beruflichen Situation vermischen, das Heilige mit dem Profanen... Du solltest einen Schnitt machen, Ori!

ORI Es ist nicht einfach, auf Distanz zum eigenen Unglück zu gehen. Man bleibt psychologisch immer involviert und von dem Milieu konditioniert, das einen umgibt und natürlich von der Ehefrau, die bei jeder neuen Telefonrechnung aufschreit.

CAPO Wenn es darum geht, dann gehört auch die Grube zu deiner Umgebung. Ich habe aber nicht den Eindruck, dass du die Absicht hast, sie sehr ernst zu nehmen.

ORI Sie beeinflusst mich negativ, Capo. Ich würde sie so gerne wieder auffüllen! Ich würde Tag und Nacht umsonst arbeiten, wenn Sie mir – es muss ja nicht gleich ein Befehl sein, aber vielleicht eine inoffizielle Genehmigung in dieser Richtung geben könnten. Ihre bloße Existenz ist eine Beleidigung meiner Intelligenz – ich weiß, das ist gravierend, es ist aber die Wahrheit.

CAPO Entschuldige, Ori, aber worüber sprichst du?

ORI Von meiner.... Lassen wir das, Capo! Das können Sie nicht verstehen.

CAPO *(leise)* Das kann ich nicht verstehen, du Unglücksrabe?! Glaubst du, ich sehe nicht, was da in der Grube ist, nämlich nichts? Glaubst du, dass die bloße Idee der Grube meinen menschlichen und beruflichen Ehrgeiz zufriedenstellt? Aber natürlich, selbstverständlich! Als junger Mensch reißt man sich den Arsch auf, um zu studieren, man macht ein gutes Examen, gründet eine Familie, erzieht die Kinder, schreibt sie ihrerseits in der Schule und bei der Gymnastik ein, Pausensnack und Zahlung des Wochentarifs inbegriffen, nur um hier ein verdammtes Loch in die Erde zu buddeln, in dem nichts drin ist? Schöne Perspektive! Oh nein, mein Lieber, die Dinge liegen anders. Die Grube unter den Füßen öffnet sich ganz langsam und allmählich: am Anfang siehst du nur den Sternenhimmel, ab und zu vielleicht von einer Wolke verdüstert, aber nichts Ernstes, versteht sich. Wolken lösen sich früher oder später auf und dann erstrahlen wieder die Sterne, zu denen du dich dann mit neuer Kraft hingezogen fühlst. Ideale, Hoffnungen, Träume...Illusionen! Ja, dumme und leere Illusionen. Weil du ganz plötzlich aus dem Vollrausch erwachst. Und wo bist du? Da, in einer Grube, in der du vor lauter Dunkelheit nur mit Mühe ein Minimum jenes Himmels wahrnehmen kannst, den du in der Jugend bewundert hast. Nimm mich zum Beispiel. Ich habe Luft- und Raumfahrttechnik studiert, ich wollte Raketen auf die entferntesten Planeten schicken und stattdessen, sieh doch, wohin mich mein Abstieg führt... in deine schmutzige Grube.

ORI Ist das eine vertrauliche Mitteilung, Capo?

CAPO Ich hoffe nur, dass du sie nicht aufgezeichnet hast. Kein Wort darüber, Ori. Das war keine offizielle Stellungnahme, nur ein persönlicher Gefühlsausbruch, der absolut unter uns bleiben muss.

ORI Ich denke jedenfalls genauso.

CAPO Dann verstehst du also, warum ich dir weder den Befehl und noch weniger eine inoffizielle Genehmigung erteilen kann, die Grube wieder zuzuschütten? Die Grube ist inzwischen eine nicht konvertierbare Tatsache. Ich habe dir gesagt, dass du sie ausheben sollst. Du hast sie ausgehoben. Und jetzt ist sie da.

ORI Wenn etwas schief geht, ist es einfach, die Verantwortung auf einem armen, unschuldigen Arbeiter abzuladen,

CAPO Du beklagst dich? Bist nicht zufrieden? Zu deinem Unglück und auch ein wenig zu meinem sehe ich keine Alternativen. Die Realität richtet sich nicht nach unseren persönlichen Wünschen oder Seelenzuständen. Es braucht mehr, Ori, viel mehr, um diese scheußliche Grube wieder zuzuschütten, die hier durch die Schuld deiner Schaufel entstanden ist: man bräuchte…

ORI Einen Gegenbefehl, Capo. Der würde reichen.

CAPO Das heißt?

ORI Genau wie der Befehl, der mir zuvor befohlen hat zu graben, müsste der Gegenbefehl mir jetzt befehlen, sie einfach wieder zuzuschütten. Also schütten statt schaufeln.

CAPO Und wer autorisiert mich, dir diesen Befehl zu geben, du Schwachkopf? Einen Befehl kann man sich nicht alleine zusammenbasteln. Dafür gibt es ein vorgeschriebenes Verfahren. Er geht von Hand zu Hand, von Mund zu Mund und muss das richtige Ohr erreichen.

ORI Sie brauchen nur „Zuschütten!" zu sagen und die Sache ist gelaufen.

CAPO Das kann ich nicht. Ich habe Angst. Und selbst wenn ich es könnte und keine Angst hätte, würde ich es nicht tun. Warum? Weil an die Stelle der Grube etwas noch viel Monströseres treten könne.

ORI Schlimmer als die Grube?

CAPO Da gibt es keine Gewissheit. Es gibt kein Limit für das Schlimmere, Ori. Und wenn sie dann erst einmal zugeschüttet ist, was machen wir dann? Gehen wir nach Hause, ohne Arbeit und ohne Lohn?

ORI Aber nein! Dann hebe ich denen zum Akkordlohn eine neue, kleinere aus, wenn Sie wollen.

CAPO Warum sollen wir sie zuschütten, wenn du sie gerade erst ausgehoben hast? Und warum sollen wir sie wieder ausheben, wenn du sie gerade erst zugeschüttet hast. Ich verstehe den Sinn von so viel Aufwand nicht: wir würden jedes Mal wieder am Anfang stehen.

ORI Aber nein, hören Sie auf mich! Wir machen viele kleine Löcher, Capo. Und wenn Sie zufällig gefragt werden: "Sei ihr am Graben?", dann können Sie mit Gelassenheit und professionell ruhigem Gewissen antworten: "Ja, wir sind am Graben! Und wie wir am Graben sind!"

CAPO Wenn ich aber gefragt werde "Was grabt ihr denn da?", wenn man also Einzelheiten wissen will, was sage ich ihnen dann, hä? Dass die vorige Grube schlecht gegraben war und dass wir in die Hände spucken, um Abhilfe zu schaffen und deshalb eine neue ausheben? Nein, Ori, lass uns gut darüber nachdenken, bevor wir irreversibel handeln und damit alle bisherigen, in vielen Jahren anständiger Karriere erreichten Resultate aufs Spiel setzen. Die Grube bleibt, wie sie ist, jedenfalls für den Augenblick. Wenn der richtige Moment gekommen ist, wird man sehen, was daraus zu machen ist. Vielleicht ein Schwimmbad, wer weiß. Apropos Schwimmbad, beweg dich, ich muss pinkeln. Die Assoziationen spielen mir immer hässliche Streiche.

ORI Wenn wir aber jetzt nicht die historische Entscheidung treffen, sie zuzuschütten, kommen wir aus der Nummer nicht mehr raus. Sie wird sich immer mehr erweitern. Sie wird uns in ihren Mäandern und Hohlräumen versacken lassen, die jetzt noch von einem solide aussehenden Grund bedeckt sind, der sich aber bald als schlammig und sumpfig erweisen wird, also... nicht ausreichend, um dem Gewicht unserer Gewissen standzuhalten.

Der Capo hat fertiggepinkelt. Er macht sich die Hose zu, während Ori versucht, seine schmutzigen Schuhe sauberzukriegen.

CAPO Ah! Das Gewissen! Du glaubst, deins ist schmutzig?? Deshalb macht dir die Grube auch so viel Angst! Einverstanden, diese hier schlägt alle ihre Vorgängerinnen an Dummheit und Mangel an Werten. Sie ist eine Horror-Grube geworden, deren tieferen Sinn man nur unter großen Schwierigkeiten versteht. Es war aber Schicksal, Ori, dass sie dir so geraten ist. Weil du die Grube wirklich im Blut hast, oder besser: im Kopf. Deshalb verachtest du sie auch so: weil du sie seit deiner Geburt in dir trägst. Du hast die Grube im Herzen, Ori, merk dir das.

ORI Genau, sie erinnert mich an die Grube, aus der heraus ich geboren wurde. Das erklärt vielleicht auch meinen Hass, meinen Abscheu: sie hat mich zur Geburt gezwungen, sie hat mich in dieses grässliche Leben gestoßen, sie hat mich in eine Welt geworfen, in der ich eine noch größere, abscheulichere und feindseligere Grube gefunden habe als die, der ich gegen meinem Willen entsprungen bin.

CAPO Echt? So sehr berührt die Grube dein Imaginäres? Tritt deine tiefsten Ängste los? Wühlt deine verborgensten Traumstadien auf, das sie sich in der absolutesten zerebralen Masturbation entladen?

ORI Wie bitte?

CAPO Ich erklär's dir. In diesem Sinne würde die Grube in deinem kindlichen Unbewussten die große Vagina repräsentieren, die dich geboren hat und von der du, so der kaum verhüllter Wunsch, gern wieder aufgesogen werden würdest. Öffne dich, Ori, öffne mir dein Herz: ist es so? Sei ehrlich. Hier unten hört uns sowieso niemand, sprich leise, wie bei einer Beichte.

ORI Ich sage nur, dass diese Grube besser hätte gelingen können. Deshalb muss sie wieder zugeschüttet und ganz neu gemacht werden, Capo!!!

CAPO Neu gemacht! Warum willst du sie neu machen?

ORI Weil hier die Fundamente fehlen.

CAPO Was verstehst du denn schon von Fundamenten?

ORI Ich gehe der Nase nach, Capo. Treffe aber immer den Nagel auf den Kopf.

CAPO Du hast den Verdacht, dass die Grube ohne Fundamente ist?

ORI Ja.

CAPO Aber meines Wissens hast *du* sie ausgehoben.

ORI Ich habe sie nur ausgehoben, keine Fundamente gelegt.

CAPO Was ist deine operative Funktion? Antworte bitte, du armes Würstchen.

ORI Graben.

CAPO Und du hast gegraben?

ORI Und ob ich gegraben habe.

CAPO Wenn du dich jetzt über den von dir eigenhändig durchgeführten Aushub beklagst, können wir ja mal nachsehen, ob und wie du gegraben hast. Fangen wir damit an, die Grube auszumessen… Genau deshalb sind wir ja hier: um zu inspizieren, zu kontrollieren, auszumessen und das zu melden.

ORI Wem?

CAPO Den Zuständigen.

ORI Und wie wollen Sie das machen, diese Meldung an Ihre Vorgesetzten, wenn Sie sich nicht erst wieder von jemandem hochziehen lassen?

CAPO Kompliment, mein Lieber, gute Frage.

ORI Und die Antwort?

CAPO Verdammt! Mach dir keinen Kopf wegen meinen Problemen, sofern sie dich nicht direkt und persönlich angehen… Das ist doch absurd: Fundamente einziehen in eine Grube, die doch, wie schon der Name zu verstehen gibt, nicht anders als ohne Fundamente sein kann! Bedrohlich, brüchig, unstabil und immer nahe dran, alle und alles zu verschlingen. Sonst hieße sie ja auch nicht Grube, sondern Hotelzimmer oder Restaurant oder Diskothek oder gar Pizzeria. Dann wäre sie ein Ort des Zeitvertreibs und nicht des Todes und des Leids, wie sie es in der Realität offenbar ist. Der Grube einen Sinn zu geben, das wäre so, als wenn man deinen Fürzen einen Sinn geben wollte, Ori. Die sind heiße Luft, genau wie deine kleinen agitatorischen Reden eines Arbeiters, dem nie etwas in den Kram passt: die Schaufel ist zu kurz, die Schubkarre zu schwer, die Ziegel zu windschief, das Holz zu morsch und die Grube immer zu tief. Bleib stehen, Ori, keine Bewegung…

ORI Haben Sie eine Schlange gesehen? Oh Gott, ich werde dasselbe Ende nehmen wie der arme Orest, der starb auch durch den Biss einer Schl…

CAPO Es reicht jetzt mit diesem Orest, Ori. Da ist keine Schlange. Du sollst nur die Landmarke für meine Messungen sein.

ORI Ich soll die Landmarke sein? Welche Ehre!

CAPO Das kommt dir seltsam vor, aber so ist es. Es gibt immer ein erstes Mal im Leben. Aber mach dir keine Illusionen: gleichzeitig wird es auch das letzte Mal sein, dass du meine Landmarke bist.

ORI Was soll ich tun?

CAPO Du weißt nicht, was man als Landmarke zu tun hat, du Knallkopf? Du musst einfach stehen bleiben. Wenn ich „Stillgestanden!" sage. Hast du als Kind nie „Flaggenerobern" gespielt? Du bist jetzt die Flagge.

ORI Ich?

CAPO Ja, du. Eins, zwei, drei…

Der Capo zählt die Schritte. An einem bestimmten Punkt bleibt er erschöpft stehen.

ORI Zufrieden?

CAPO Mein Gott, sie ist wirklich immens, riesig, katastrophisch. Ich bin völlig durchgeschwitzt. Wieviele Schritte habe ich gezählt? Tausend? Zweitausend? Dabei bin ich nicht einmal bei der Hälfte angekommen! Wozu soll das gut sein?

ORI Jetzt kommen ausgerechnet Sie und fragen mich das? Wo ich Sie schon die ganze Zeit um eine Erläuterungen zum Sinn und Zweck dieser Grube bitte.

CAPO Du hast mehr direkte Erfahrung als ich, deshalb bitte ich *dich* um eine Erklärung. Und sei es nur eine ganz persönliche Meinung, die man unter Umständen mit einkalkulieren könnte…

ORI Aber ich…

CAPO Ich habe dir lediglich befohlen, die Grube auszuheben. Du hast gegraben. Ich verstehe deinen legitimen Einwand: ich habe dir gerade Vorwürfe gemacht, weil du die Notwendigkeit angesprochen hast, der Grube einen Sinn, ein Fundament zu geben. Und jetzt spüre ich plötzlich ebenfalls das Bedürfnis, irgendeine logische Erklärung zu finden, Details zum Projekt als Ganzes in Erfahrung zu bringen. Nun gut! Die Wahrheit ist, dass ich meine Meinung nicht geändert habe. Ich will nur nicht, dass du unserem Wunsch, etwas zu verstehen, so viel Publicity einräumst. Dies, um dich – und indirekt auch mich – nicht schlecht dastehen zu lassen. Wie? – könnten sie von oben fragen – ihr habt so viel gegraben und habt so viele Befehle zum Graben gegeben, ohne auch nur das Geringste über den Sinn und Zweck des Aushubs zu wissen? Verstehst du das?

ORI   Ich habe einen guten Grund für meine Strapazen: man nennt es Lohn, Capo. Aber Sie, wissen Sie denn, warum Sie mir den Befehl zum Graben gegeben haben? Nur wegen dem Gehalt? Oder gibt es noch einen anderen Grund?

CAPO   Woher soll ich das wissen? Glaubst du, ich weiß, wie und warum ich einen Befehl erhalte, den ich dir erteilen soll? Niemand sagt mir etwas, Ori. Die Losung ist: Graben!, und entsprechend befehle ich dir zu graben. Was für dich ein abstrakter Befehl ist, ist es auch für mich. Nur dass du dir während der Umsetzung über das Motiv, das Ziel, den Sinn und Zweck des Auftrags klar werden kannst. Also, warum dir aufgetragen wird zu graben. Für dich ist das doch einfach, dir irgendwie einen Reim darauf zu machen. Du gräbst ein schwarzes Loch und nach und nach, während du vorankommst und bohrst, verstehst du das Warum und Weshalb. Zumindest ist die Grube, das Loch, die Öffnung oder was immer es auch sei, ein nicht entfremdetes Produkt deiner Arbeit und gibt dir außerdem mit Ach und Krach das, was du zum Leben brauchst. Aber für mich ist es anders, denn es ist nicht meine Grube: das Grundstück, auf dem sie ausgehoben wird, gehört nicht mir, ich bin nicht der Besitzer des leeren Raums, der mit ihr entstanden ist und ich kann auch nicht behaupten, dass ich mich, wie du, durch seine Konstruktion irgendwie realisiert habe. Sie ist mir gleichgültig, sie bleibt mir fremd, anonym. Es ist nur eine dumme, leere Grube, ohne Gewicht oder Sinn, und wenn ich nicht dein Capo wäre, wäre ich der Capo von irgendjemand anderem, der – was weiß ich? – mit der Konstruktion einer Rakete zur Venus beschäftigt ist.

ORI   Sehr gute Wahl, Capo.

CAPO   Seltsam: das ist der erste Planet, der mir in den Sinn gekommen ist. Wer weiß, warum?

ORI   Der Sinn der Grube ist der, nicht im eigentlichen Sinne einen Sinn zu haben

Pause, verwirrtes Nachdenken.

CAPO   Ori, du verblüffst mich.

ORI   Danke, Capo.

CAPO   Du brauchst mir nicht zu danken. Denn du verblüffst mich, ja, aber nicht so, wie du glaubst.

ORI   Das heißt?

CAPO   Negativ, das heißt, du machst mich wütend. Und weißt du auch, warum? Weil du lauter dummes Zeug redest, aber mit einer solchen Ernsthaftigkeit, dass es zwar wirkt, als ginge es um ernsthafte Dinge, die aber von jemandem gesagt werden, der sonst nur ordinäre Witze erzählt. Erklär mir doch mal deinen neuesten Geistesblitz, demzufolge der Sinn der Grube sein soll, dass sie gar keinen Sinn hat. Willst du mich verarschen?

ORI Ihrer Ansicht nach hat eine Grube also einen Sinn?

CAPO Nein, um Gottes Willen, nein, natürlich hat sie keinen!

ORI Welchen Sinn hat es also, sie gegraben zu haben?

CAPO Keinen.

ORI Dann stimmen Sie also mit mir überein, dass der Sinn der Grube der ist, keinen Sinn zu haben.

CAPO Warum hast du sie dann gegraben?

ORI Warum haben Sie mir gesagt, dass ich sie graben soll?

CAPO Und warum hast du dich dann nicht geweigert, sie zu graben? Weil es dir gelegen kam, nicht wahr?! Weiter zu graben und den Lohn einzustreichen.

ORI Und Sie, warum haben Sie sich nicht geweigert, mir den Befehl zum Graben zu geben? Weil es Ihnen gelegen kam, oder was?! Mir weiter Befehle zu geben wie ein Gott vom hohen Sockel aus.

CAPO Hör zu, ich habe die Überzeugung gewonnen, dass du, noch bevor du weiteren Schaden anrichten kannst, direkt an deinem Arbeitsplatz erwürgt werden solltest. Ja, Sir! Ich trete ganz offiziell für deine physische Eliminierung von der Grube ein. Das fällt im Übrigen in die betriebliche Fürsorge zur Unversehrtheit und geistigen Gesundheit der Angestellten, die natürlich wie du auf der Suche nach einem definitiven Sinn sind, den man der Grube geben könnte. Die aber, selbst wenn sie ihn nirgends finden, die Grube nicht mit dem Defätismus eines permanent mit dem Patronat und der Gewerkschaft im Clinch liegenden Arbeiters verunglimpfen. Vielmehr zeigen sie ihr Missfallen schweigend, vielleicht durch einem Hungerstreik, der niemandem wehtut, nicht einmal dem, der ihn macht. Im Gegenteil!

ORI Capo, Sie erwürgen mich.

CAPO Ja, Ori, ich erwürge dich. Möge deine Seele in Frieden ruhen.

ORI Gerade jetzt, wo sich ein Sinn offenbart?

CAPO Ein Sinn? Für wen? Für dich oder für mich?

ORI Für alle beide, glaube ich.

EIN GONG.

CAPO Und das wäre ein Sinn, deiner Meinung nach?

ORI Vielleicht kein guter Sinn, aber ...

CAPO Und da soll ich dich nicht erwürgen?

ORI Ganz bestimmt ist es aber ein Beweis.

CAPO Ein Beweis? Wofür?

ORI Ein Beweis dafür, dass es einen Sinn *gibt*. Einen obskuren, vielleicht unverständlichen Sinn, einverstanden, aber es gibt ihn.

CAPO Ich habe die Nase voll von deinen philosophischen Minimalkenntnissen, mit denen du hoffst, beim Quiz zu gewinnen.

ORI Ganz ruhig, Capo. Die Philosophie, auch die von einem einfachen Arbeiter wie mir, hat ihre klare Funktion.

CAPO Was für eine, Ori? Sag es mir, bevor ich dein Todesurteil vollstrecke.

ORI Dem einen Sinn zu geben, was, wie die Grube, dem Anschein nach keinen hat.

CAPO Jetzt bist du dran.

ORI Ohne Philosophie kann man die Phänomene nicht in ihrer Essenz interpretieren, Capo. So ist es.

CAPO Essenz? Darf man wissen, wovon du sprichst?

ORI Von einem Sinn.

CAPO Weißt du, was ich dir sage? Ich erwürge dich nicht mehr. Ja, du hast richtig verstanden, ich verzichte darauf, dir den Hals umzudrehen wie einem Huhn. Du bist nämlich der lebende Beweis für die extremste Form menschlicher Hirnrissigkeit. Warum soll ich dir also den Hals umdrehen? Ich sollte dich besser ausstellen, wie eins von diesen scheußlichen und befremdlichen Fundstücken aus der Grube. Findest du nicht?

ORI Die Grube ist das Produkt meiner Arbeit, nicht ich bin das Produkt der Grube. Obwohl...

CAPO Oh Gott! Es gibt noch ein obwohl!

ORI Obwohl theoretisch (!) der Sinn, der Zweck der Grube sowohl für mich als auch für Sie zuerst da sein müsste.

CAPO Für mich? Wie kannst du es wagen?!

ORI Das liegt in der Logik der Dinge selbst. Wenn sie nicht schon fix und fertig da wäre, die genaue Vorstellung von der Grube, dann könnte es doch niemandem in den Sinn kommen, sie ausheben zu lassen. Das klingt komisch, aber so ist es.

CAPO Ori, ich habe noch einmal darüber nachgedacht: ich tendiere dazu, dich trotzdem zu erwürgen.

ORI Ganz ruhig, Capo, nehmen Sie es doch auch mal mit Philosophie: sie hilft, die Dinge zu interpretieren, wie sie wirklich sind. Oder wie sie nicht sind. Oder wie sie waren und nicht mehr sind. Wollen Sie ein konkretes Beispiel?

CAPO Her mit dem konkreten Beispiel.

ORI Die Strickleiter.

CAPO Was ist damit?

ORI Verschwunden.

CAPO Wie, verschwunden?

ORI Sie ist nicht mehr da. Die muss jemand weggenommen haben, ohne uns was zu sagen. Aus Spaß oder weil ihnen nicht klar war, dass wir hier unten sind.

CAPO Du hättest besser aufpassen sollen! Das gibt's doch nicht! Mit all deinem dummen Literatursalon-Gequatsche, bei dem ich Blödmann auch noch mitgemacht habe!

ORI Ich versuche nur, mich nützlich zu machen, Capo.

CAPO Ich hätte dich sofort umbringen sollen! Du hast es sogar geschafft, mir in einem Anfall von geistiger Krise eine Mini-Beichte meiner verborgensten Ängste zu entlocken. Mir war doch nicht klar, dass die echte Gefahr gar nicht von der Grube ausgeht. Nein, Ori, die echte Gefahr bist du, der du Gruben gräbst. Ein armer Teufel reicht dir den Finger und du nimmst den ganzen Arm...

ORI Und jemand anderes nimmt sich die Strickleiter.

CAPO Wenn ich deinen Theoremen keine Beachtung geschenkt hätte, dann wäre die Strickleiter vielleicht gar nicht verschwunden und wir hätten wieder an die Oberfläche steigen können. Das wird jetzt alles verdammt kompliziert. Einen schönen Schlamassel hast du angerichtet! Das Verschwinden der Strickleiter! Jetzt hat uns deine Philosophie definitiv aus der Welt herauskatapultiert. Wir sind von allem abgeschnitten, Ori, und haben nun, von der Grube verschlungen, kein Existenzrecht mehr. Glaub mir!

ORI Sie vielleicht. Ich schon.

CAPO Du? Welches denn?

ORI Überleben, Capo.

CAPO Unter diesen Bedingungen?

ORI Immer, wo auch immer und auf jeden Fall: Überleben ist mein Motto, den Karren aus dem Dreck ziehen ist mein Beruf. Und wissen Sie, was ich tue? Ich überlebe und versuche, mit dem Karren weiterzuziehen.

CAPO Das erscheint mir, offen gestanden, die Philosophie eines einfachen und erfolgreichen Lebens. Ich gratuliere, Ori. Ich wette, ich habe dich persönlich eingestellt. Wer sonst, außer mir, hätte die ebenso ungeschliffene wie pragmatische Genialität eines Esels wie dir erfassen können?

ORI Eigentlich wollten Sie mich entlassen. Mich sogar physisch liquidieren.

CAPO Tatsächlich, so weit war es gekommen? Weshalb eigentlich?

ORI Weil ich aus Versehen auf den Grund der Grube gestoßen sein soll. Wissen Sie das nicht mehr?

CAPO Das ist Schnee vom gestern. Inzwischen habe ich doch festgestellt, dass du nicht komplett schwachsinnig bist, sondern dass in dir – inmitten eines Meeres von intellektuellem Sumpf, das muss man schon sagen! – auch eine kleine Dosis von kristallklarem gesundem Menschenverstand funkelt.

ORI Danke, Capo! Danke… Wenn *Sie* das sagen, ist das eine enorme berufliche Anerkennung. Selbst ein einfacher Arbeiter wie ich braucht ab und zu ein Schulterklopfen und eine Lohnerhöhung.

CAPO Klopfen so viel du willst. Was die Lohnerhöhung angeht, darüber sprechen wir noch einmal, wenn du mich aus der Grube, die du gegraben hast, wieder rausgeholt hast.

EIN GONG.

ORI Wollen wir um Hilfe rufen?

CAPO Irgendjemand schlägt einen Gong und du willst gleich um Hilfe rufen?

ORI Ich will so schnell wie möglich raus aus diesem Loch, Capo, aus dieser schrecklichen existentiellen Situation, bevor uns eine nicht mehr abnehmbare Grabplatte draufgesetzt wird.

CAPO Das ist noch nicht der Moment, über Gräber zu sprechen. Einverstanden, Ori?

ORI Sehr einverstanden, Capo.

CAPO Wollen wir ein paar Regeln aufstellen, Ori, denn wir werden wohl noch eine ganze Weile hier drin bleiben müssen?

ORI Ja, stellen wir ein paar Regeln auf, Capo.

CAPO Gruben-Regel Nummer eins, der zufolge nicht über Gräber gesprochen werden darf, wird also einstimmig angenommen.

ORI Schöne Einstimmigkeit: wir sind ja nur zu zweit!

CAPO Ori, es ist ein historischer, epochaler, ja biblischer Sachverhalt, wenn man mit jemandem einer Meinung ist, vor allem, mit jemandem, der nicht man selbst ist….

ORI Kommen wir zu Regel Nummer zwei, wenn es recht ist. Ich kann es gar nicht abwarten, selbst ein Gesetz zu erlassen.

CAPO Was hast du mit Gesetzen zu tun?

ORI Eine Regel, die niemandem weh tut. Die Basisregel der Demokratie.

CAPO Wer hat denn behauptet, dass wir uns in einer Demokratie befinden?

ORI Tun wir das nicht?

CAPO Wir könnten es durchaus sein, es ist aber noch nicht festgelegt worden.

ORI Und wer legt das fest?

CAPO Ich.

ORI Und wer legt fest, dass Sie das festlegen?

CAPO Ich.

ORI Und ich?

NOCH EIN GONG, STÄRKER ALS DER VORHERGEHENDE.

ORI Vielleicht will uns jemand da oben mitteilen, dass es Zeit zum Mittagessen ist.

CAPO Gut, wenn die das sagen, habe ich kein Problem damit, es meinerseits zu bekräftigen: Mittagspause. Hol die Brotbox raus, Ori.

ORI Die habe ich oben gelassen, Capo.

CAPO Wie bitte? Du lässt mich die Mittagspause ankündigen und hast nichts zu essen da?

ORI Es war einfach nur eine Idee, Capo.

CAPO Sehr gut, jetzt essen wir uns an deinen verdammten Ideen satt!

Es regnet Schinken und Bratwürste von oben.

ORI Wenigstens lässt die Gruben-Kantine nichts zu wünschen übrig.

CAPO Der Philosoph Benedetto Croce erklärt die Unergründlichkeit der Realität, indem er Ideen mit unerreichbar herabhängenden Salamis vergleicht, von denen man nur den Duft wahrnimmt.

ORI Es handelt sich um einfache Wurst, Capo, nicht um echte Ideale.

CAPO Kann eine Bratwurst deiner Ansicht nach kein Ideal enthalten? Wenn du wirklich ein dreckiger Materialist sein willst, dann sei es wenigstens im historischen Sinne, Ori.

ORI Warum historisch, Capo?

CAPO Weil du im Herabfallen einer Bratwurst nicht nur eine fallende Bratwurst sehen solltest! Ist dir denn nicht klar, dass das Herabfallen einer Bratwurst mit seinen Bedingungen und seinen Hintergründen ein weitaus komplexeres Phänomen ist als es auf den ersten Blick zu sein scheint?

ORI Es regnet Bratwürste zur Mittagszeit, als seien es abstrakte Ideale, und Sie beklagen sich?

CAPO Und wenn es weder Ideale noch leibhaftige Bratwürste wären?

ORI Was sollen sie sonst sein?

CAPO Es könnten unsere Werte sein, Ori, die fallen.

ORI Glauben Sie mir, es sind Bratwürste.

CAPO Besser so.

ORI Kann gut sein, dass ich nichts als ein in Platons Höhle eingesperrter Schatten bin, aus der die Strickleiter entfernt wurde, mit der man wieder in die reale Welt hätte hinaussteigen können, ich habe aber eine solche Grube im Magen, dass ich nicht umhin komme, eine Salami als das anzusehen, was sie zu sein scheint.

CAPO Diesmal hast du völlig recht, Ori.

ORI Danke, Capo. Guten Appetit.

CAPO Vorher erweisen wir der Realität aber eine ergebene und demütige Ehre. Bete mit mir, Ori.

ORI Oh Mann, so ein Bohai für ein bisschen Schinken.

CAPO Ruhe. Lass uns beten.

ORI Dann beten wir eben!

Der Capo wirft einen kurzen Blick auf ihn und betet dann sehr schnell, ohne dass seine Worte zu verstehen sind.

CAPO .... bla bla bla, fertig.

ORI Amen. Und jetzt wird endlich gegessen.

Ori und Capo essen.

CAPO Ich vertraue dir ein Geheimnis an, Ori. Aber du musst es für dich behalten. Ich möchte nicht, dass meine Gehaltsabrechnung durch eine Behauptung kompromittiert wird, die sich meinen gegenwärtigen Glückszustand mit vollem Bauch verdankt. Ich möchte nicht, dass die Direktion erfährt, dass ich deine Völlerei gutgeheißen habe: ich verachte die Realität, die mich umgibt. Die Welt kommt mir vor wie eine schlecht gemalte, zerrissene und vom Wind geblähte Bühnenkulisse für eine Nonsense-Bühne. Diese Bühnenkulisse würde ich gern durchbrechen, Ori, auf die andere Seite fallen, sehen, was hinter der Bühne der Welt ist. Habe ich vielleicht etwas zu Vorhersehbares gesagt, um dir einen Applaus zu entreißen?

ORI Capo, würden Sie bitte den Tisch abdecken?

CAPO Das soll eine Bitte sein?

ORI Na ja, ich habe den Tisch ja schon gedeckt.

CAPO Soll ich vielleicht auch das Geschirr spülen?

ORI Ja. Ich trockne es dann ab.

CAPO Gibt es denn in dieser verdammten Grube keine Spülmaschine?

Von oben fällt plötzlich eine Spülmaschine herab.

ORI Hast du gesehen? Es ist schon wieder passiert. Irgendjemand hat sich seiner alten Spülmaschine entledigt. Wer weiß, ob sie noch funktioniert.

CAPO Und worüber beklagst du dich?

ORI Ich finde die Angelegenheit ein bisschen deprimierend, das ist es.

CAPO Weil ich das Geschirr nicht mehr zu spülen brauche? Du neidischer Bastard. Wenn mir das Schicksal zu Hilfe eilt, ärgerst du dich krank. Das Gift spritzt dir aus allen Poren, Ori. Beherrsch dich.

ORI Es ist nicht das Schicksal, das Ihnen zu Hilfe eilt, Capo. Und es ist auch kein Gift, was ist spritze. Ich fürchte, irgendjemand hält unsere Grube für eine ordinäre Müllhalde und pinkelt von oben ein.

CAPO So ein Schwein!

ORI Ich habe so sehr geschuftet, in der Illusion, etwas Nützliches zu schaffen: eine Grube voller symbolischer, metaphysischer Bedeutungen. Und plötzlich werde ich mit der Tatsache konfrontiert, dass ich nichts als eine gigantische Mülldeponie hergestellt habe. Alles andere als Metaphern! Ideale! Nur Abfall, Unrat, Essensreste, Würmer und Kanalratten… wie wir!

CAPO Wie du. Wage es nicht, die von mir repräsentierte Autorität mit deinem ideologischen und moralischen Müll zu vermischen.

ORI Ihnen vergeht wohl nie die Lust, den Capo zu spielen?

CAPO Warum sollte sie mir auch vergehen, um Himmels willen? Capo zu spielen ist sehr befriedigend.

ORI Auch graben kann befriedigend sein.

CAPO Ich habe nicht die geringste Absicht, dir den Beruf streitig zu machen, Ori, keine Sorge.

PLÖTZLICHER GONG.

ORI Da ist er wieder. Der gewohnte Gongschlag, der sich nicht eindeutig zuordnen lässt.

CAPO Das war ein Ordnungsruf, Ori.

ORI Was für eine Ordnung?

CAPO Die Geschäftsordnung. Der Gong sagt einem, wie, wann und warum die Mittagspause beendet zu sein hat.

ORI Die Mittagspause ist beendet? Wirklich?

CAPO Leider ja.

ORI Schade.

CAPO Tröste dich mit diesem einfachen, aber sachgemäßen Gedanken: nur was beginnt, kann auch enden.

ORI Schöner Trost.

CAPO Ich sehe keinen anderen.

ORI Ich auch nicht.

CAPO Dann machen wir uns an die Arbeit.

ORI Welche Arbeit?

CAPO Wie, welche Arbeit?

ORI Ja, Capo, Sie haben sehr gut verstanden: was soll ich tun?

CAPO Du weißt nicht, was du tun sollst?

ORI Ich nicht. Wissen *Sie* wenigstens, was sie mich machen lassen sollen?

CAPO Zum Teufel mit dir, Ori!

ORI Warum schlagen Sie mich? Was habe ich getan?

CAPO Nichts! Das ist ja das Problem.

ORI Ihnen ist es so wichtig, Befehle zu geben, zu kommandieren! Aber wenn es gilt, diese Autorität auszuüben, von der Sie behaupten, Sie wurde Ihnen direkt von oben aufgetragen – wie weit oben, das wüsste ich übrigens nur zu gern! – dann wissen Sie nie, was Sie befehlen sollen.

CAPO Wenn ich nicht befehle, weigerst du dich zu gehorchen: stimmt doch, oder etwa nicht, du dreckiger Verräter?

ORI Es ist ja nicht so, dass ich mich weigere... also, wie soll ich denn gehorchen, wenn ich gar ich nicht weiß, was ich tun soll.

CAPO Tatsache ist, dass du nicht von alleine begreifst, was zu tun ist.

ORI Ich werde nicht für das Begreifen bezahlt.

CAPO Wofür denn?

ORI Um zu graben.

CAPO Und, gräbst du?

ORI Im Moment nicht.

CAPO Siehst du, du bist arbeitsscheu!

ÜBERRASCHENDER GONG.

ORI Ist er immer noch sauer auf uns, Capo?

CAPO Ja, Ori. Er will, dass du dich ganz allgemein an die Arbeit machst und dass ich dich in dieser Richtung anleite.

ORI Allgemein?

CAPO Also: erfinde etwas, tu so, als ob du arbeitest. Sonst bringst du auch mich als deinen Capo in Schwierigkeiten. "Du hättest ihn besser kontrollieren müssen!", "Du hättest doch merken müssen, was er da anrichtet!", ich kann es schon hören, was die da oben sagen.

ORI Wer?

CAPO Meine Vorgesetzten.

ORI Sie sind also nicht der Vorgesetzte?

CAPO Was dich betrifft, bin ich das, ja. Es gibt aber, was mich betrifft, noch weitere Vorgesetzte.

ORI Dann sind Sie also nicht so vorgesetzt, wie Sie zu sein vorgeben.

CAPO Du tust mir leid, Ori. Wenn wir in dieser verdammten Grube versackt sind, mein Lieber, dann aufgrund deiner Oberflächlichkeit und deines chronischen Mangels an geistiger Tiefe und menschlicher Solidarität. Außerdem hast du nicht den geringsten Respekt für die Autorität, die diese Dienstkleidung repräsentiert. Die Eingeweide der Erde, in die du mich durch deine Ungeschicklichkeit hineingezogen hast, wobei du dir sogar noch die Strickleiter hast klauen lassen, mit der wir wieder in die Höhen der Realität hätten aufsteigen können, sind schlicht und einfach das Symbol des Nichts, das du in dir hast. Aber ich bin das alles leid, die Grube, dich, deine Frau, Orest mitsamt seiner Schwester…

Von oben fällt ein Heizofen herab.

ORI Entschuldigung, Capo, hatten Sie elektrisch oder Gas gesagt?

CAPO Ich habe gesagt, dass ich es leid bin, Ori. Ich kann mich nicht erinnern, an irgendeinem Punkt einem Heizofen erwähnt zu haben. Das wüsste ich, verdammter Mist!

ORI Die haben uns aber einen Heizofen geliefert.

CAPO *(hysterisch)* Den brauchen wir nicht, den habe ich nicht bestellt: sie können ihn gerne wieder abholen.

ORI Wenn sie ihn in die Grube geworfen haben, ist das doch nur, weil sie nicht wussten, was sie damit noch anfangen sollten. Sonst hätten sie ihn bestimmt behalten. Kann man immer gebrauchen, einen Heizofen…

CAPO Es tut mir leid, dir das zu sagen, Ori, aber diese Grube hast du wirklich schlampig gegraben. Von außen sieht sie aus wie eine Mülldeponie und von innen genauso. Es ist deine Schuld, wenn sie ihren ganzen Ramsch hier reinwerfen, dich inbegriffen. Was mich betrifft, heiliger Himmel! Ich kann es kaum erwarten, hier wieder rauszukommen. Es ist ein verdammter Schacht ohne Grund und ohne auch nur den Ansatz von einem Ausgang.

ORI Wollen wir jetzt um Hilfe rufen?

CAPO Ach, nein, das nun auch wieder nicht! Hilfe, ich? Niemals! Du leidest an Minderwertigkeitskomplexen, Ori. Wenn ich aber aus einem Loch aussteigen muss, aus einer ekelhaften Grube, in die ich mehr oder weniger unfreiwillig hineingeraten bin, muss das ausschließlich durch den Einsatz meiner eigenen Kräfte und meiner beruflichen und unternehmerischen Fähigkeiten schaffen. Ich kann mich nicht in Frage stellen, mich so weit erniedrigen, Hilfe oder Beistand anzunehmen oder auf hypothetische Wunder hoffen, um aus der Tiefe, in die ich gefallen bin, wieder hochzukommen. Ich komme mit eigenen Kräften wieder hoch. Das solltest du wissen!

ORI Wie denn?

CAPO Nimm die Schaufel und grab. (wird weiter von Unrat und Abfällen getroffen, die in die Grube hineinfallen) Beeil dich, bevor wir von Müll und Dreck begraben werden, verdammt!

ORI Haben Sie nicht gerade gesagt, Sie wollen aus eigenen Kräften wieder hochkommen?

CAPO Genau.

ORI Warum soll dann ich graben?

CAPO Du willst doch auch wieder hochkommen, oder etwa nicht?

ORI Aber wenn ich grabe, gehe ich doch genau in die entgegengesetzte Richtung meiner eigenen Wiederauferstehung. Wenn ich grabe, gehe ich doch noch tiefer runter statt mich nach oben zu bewegen.

CAPO Tu, was ich sage. Keine Sperenzchen, komm ja nicht auf dumme Gedanken. Pass nur auf, ich notiere mir das.

ORI Und was wollen Sie damit erreichen?

CAPO Die andere Seite, du Banause.

ORI Von was?

CAPO Von der Grube. Irgendwo müssen wir doch wieder herauskommen.

ORI Früher oder später werden wir sowieso in der Hölle landen!

CAPO In Geografie bist du schwach, Ori. Seit die Welt existiert, muss man nämlich, um in die Hölle zu gelangen, erst einmal sterben. Das kannst du mir glauben.

ORI Besser nicht, Capo.

CAPO Hör zu. Wenn du, wie ich, Ingenieurwesen studiert hättest, wäre dir ganz sicher das Prinzip der kommunizierenden Röhren bekannt. Da du aber theorieabstinent bist, erkläre ich es dir mit einem praktischen Beispiel. Hast du eine Vorstellung, was passiert, wenn jemand Dosenbohnen isst?

ORI Ich habe eine Vorstellung, Capo.

CAPO Auf der einen Seite schluckt er Gemüse, auf der anderen treten Abgase aus.

ORI Ich bin kein Abgas. Und auch kein Gemüse.

CAPO Aber du entleerst, wie der Großteil, ja fast die Gesamtheit der Menschen, deinen Darm. Korrekt?

ORI Das kann ich nicht leugnen.

CAPO Deshalb bist du sicher mit mir einer Meinung, dass alles, was reinkommt, irgendwie die Möglichkeit haben muss, wieder rauszukommen. Oder nicht? Und wenn es uns nicht gelingt, von da, wo wir eingestiegen sind, also vom Eingang der Grube, wegzukommen und wieder neu zu erstehen wie Phönix aus der Asche, dann kommen wir aus ihrem Hinterteil bestimmt genauso wieder heraus, wie die Dosenbohnen, von denen ich dir eben erzählt habe. Hast du das Konzept verstanden?

ORI Nein, Capo. Der Vergleich überzeugt mich nicht.

CAPO Niemand will dich überzeugen. Halt die Klappe und grab. Das ist ein Befehl.

ORI Wenn Sie mir unumstößlich den Befehl zum Graben geben, grabe ich nur, weil ich es muss. Das heißt, Sie überzeugen mich nicht, sondern zwingen mich, es zu tun.

CAPO Bravo, Ori, so gefällst du mir: gehorsam wie ein Arbeiter, der weiß, wo sein Platz ist.

ORI Ja, schon gut, aber früher oder später muss etwas passieren. Ich weiß nicht, was. Ich sage nur, dass etwas passieren wird.

CAPO Es ist noch nicht aller Tage Abend, Ori.

Wehmütig fängt Ori wieder an zu graben. Argwöhnisch beäugt der Capo seine Arbeit.

ORI Capo?

CAPO Ja, Ori? Was gibt's? Was ist los? Bist du schon auf die andere Seite der Grube durchgestoßen?

ORI Kann ich was sagen?

CAPO Nur wenn du etwas Ernsthaftes oder Intelligentes sagst.

ORI Ich muss einen fahren lassen.

CAPO Und das soll etwas Ernsthaftes oder Intelligentes sein? Schäm dich!

ORI Ich muss aber trotzdem.

CAPO Dann ist das doch ein Scheiß, Ori, kein einfacher Furz. Es tut mir leid, aber du wirst ihn zurückhalten müssen, zumindest, bis wir hier raus sind. Eine Grube ist nämlich kein gut durchlüfteter Ort, er verfügt. ja nur über einen Eingang Deshalb lasse ich dich ja einen Ausgang graben, um auch dir zu ermöglichen, dich in völliger geistiger Freiheit auszudrücken. Also beeil dich, arbeite! In deinem eigenen Interesse. Ar-bei-te!

ORI Ich arbeite, zum Donnerwetter!

CAPO Gut, das ist fein. Musst du aber auch!

ORI Seien Sie ehrlich, Capo: auf welcher Seite stehen Sie eigentlich, auf meiner oder der der Grube?

CAPO Ich muss mich über dich wundern, Ori. Was soll das heißen, auf welcher Seite stehe ich? Ich bin überparteilich, Ori. Das heißt, ich stehe auf beiden Seiten. Ich gebe mal dir ein bisschen Recht und mal der Grube ein bisschen. Du musst einfach begreifen, dass die Wahrheit nicht nur auf einer Seite steht. Du beklagst dich, dass die Grube zu tief ist und die Grube beklagt sich, dass du sie zu weit ausgeschachtet hast. Wer weiß denn schon, wo das Halbheiten sind und wo berechtigte Gründe. Ich komme dir vielleicht vor wie ein feiger Opportunist, Ori, dabei bin ich nur vorausschauend: ich spreche schlecht über dich bei der Grube und mache die Grube mies, wenn ich mit dir zusammen bin, das ist alles. Ich vollziehe also eine Gratwanderung, am Rande des Abgrunds. Ständig im Spiel!

ORI Ich gratuliere zu dieser Akrobatik!

CAPO Das meinst du ironisch. Aber sieh mal: das Ergebnis, Ori, ist eindeutig: ich bin weiter am Befehlen und du bist weiter am Graben, du bleibst eben der Penner, der du schon immer warst.

ORI Darf ich wenigstens denken, während ich grabe?

CAPO Kann ich dir das verbieten? Nein? Na dann… va' pensiero, flieg dahin, Gedanke!

Ori gräbt weiter. Audio: Oris Gedanken.

ORI S GEDANKEN PRRRR!

CAPO Was erlaubst du dir Ori? Ich habe dir doch gesagt, dass man in der Grube nicht furzen soll!

ORI Sie haben gesagt "flieg dahin, Gedanke" und mein Gedanke ist abgegangen… geflogen wie die Luft.

CAPO Dann denk an was anderes. Geht das nicht?

ORI Ich will es versuchen.

Ori gräbt weiter.

CAPO Es riecht immer noch durchdringend nach Gas.

ORI Durchdringend, Capo?

CAPO Das ist eine Verharmlosung. Ich hätte "stinkt" sagen sollen, wollte dich aber nicht offen bloßstellen, Ori. Beherrsch dich!

ORI Verharmlosung soll heißen, dass ich den Gestank erzeugt habe?

CAPO Hören wir auf damit. Bist du inzwischen wenigstens auf der anderen Seite der Grube angekommen? Dann wird hier nach der Fertigstellung des zweiten Loches ein bisschen durchgelüftet. Frische Luft kann man hier drin gut gebrauchen, und wie!

ORI Ich bin noch nicht fertig, Capo. Der Grund der Grube ist sehr hart, ich kann ihn mit der Schaufel nur schrammen.

CAPO Warum hast du keinen Presslufthammer mitgebracht?

ORI Ich hatte das Gefühl, das wäre übertrieben, Capo.

CAPO Um so schlimmer für dich. Dann wärest du schneller fertig geworden. Was du heute kannst besorgen, das verschiebe nicht auf morgen, Ori.

ORI Ich habe keine Zeit zu verlieren. Haben Sie wenigstens gut geschlafen?

CAPO Ich weiß es nicht. Ich hatte ein merkwürdiges Gefühl. Im Schlaf habe ich – du wirst es nicht glauben und ich habe Mühe, es mir selbst einzugestehen –, ich habe Angst gehabt. Ja, Ori, das hast du ganz richtig verstanden: einen Augenblick habe ich Angst vor dem Tod gehabt. Ich schäme mich, es dir zu sagen…

ORI Sie müssen sich nicht schämen. Wahrscheinlich dient uns die Angst vor dem Tod dazu, uns lebendig zu fühlen. Vielleicht ist das der Sinn, der Zweck der Grube: die Angst.

CAPO Vielleicht hast du Recht: die Dunkelheit der Grube, ihr seltsames Grollen, ihr Knacken, wie bei einem Skelett, das in die Brüche geht. Kommst du vielleicht aus irgendeiner Katakombe, Ori?

ORI Nein, Capo. Das ist nicht das Knacken eines menschlichen Skeletts.

CAPO Mein Gott, was denn sonst?

ORI Es ist das Knacken des Skeletts der Grube, Capo.

CAPO Skelett der Grube? Ori, du Pfuscher, was hast du ausgegraben, als ich mir einige Augenblicke sehr verdienter Ruhe gegönnt habe?

ORI Nichts, Capo.

CAPO Wie, nichts, Ori? Das ist ein echtes Getöse.

ORI Ich habe eine unangenehme Nachricht für Sie. Die Grube bricht ein.

CAPO Bricht ein? Die Grube? Scheiße, das ist ein Albtraum, Ori, und du bist mein Henker.

ORI Addio, Capo. Die Grube ist am Kollabieren.

CAPO Addio, Ori. Wenn du in der anderen Welt angekommen bist, lässt du dich bei mir aber nicht mehr blicken. Verstanden?

Ori führt einen letzten Schlag mit der Schaufel aus und provoziert damit den Zusammenbruch der Grube. Ein schreckliches Getöse. Dunkel.

FINALE

Als sich der Staub gelegt hat, ist die Grube nicht mehr da. Ori und Capo, halb begraben unter den Trümmern, kommen langsam wieder zu sich und jammern.

CAPO Zum Donnerwetter mit dir, Ori, schau doch mal, was du angerichtet hast! Das wirst du mir büßen, du Bastard.

ORI Erst sagen Sie "grab!" zu mir, dann korrigieren Sie sich und erteilen mir eine Rüge: "warum hast du gegraben?". Erst bezeichnen Sie mich als Faulenzer und Drückberger, nur um mir einen Augenblick später vorzuwerfen, aus purem Geltungsbedürfnis und nur für eine Lohnerhöhung, allzu pflichttreu den Anweisungen gefolgt zu sein. Ständig schieben Sie mir also den Schwarzen Peter zu, ohne mir die Möglichkeit einzuräumen, entweder bis zum bitteren Ende meine Pflicht zu tun oder gar nicht. Schönes Chaos!

CAPO Wenn man seine Pflicht schlecht tut, ist es so, als würde man sie gar nicht tun. Die Wahrheit ist doch, dass du ein verdammter Pfuscher bist. Ok, du hast eine Grube in die Grube gegraben, wie es dir ausdrücklich aufgetragen wurde. Aber hast du sie auch abgestützt?

ORI Ich habe nicht daran gedacht, sie abzustützen, weil sie mir abstrakt, surreal genug erschien, um sich von selbst auf den Beinen zu halten.

CAPO Sie hat sich aber nicht auf den Beinen gehalten, du Dickschädel. Weil auch Metaphern solide Fundamente brauchen. Wer soll sie ihnen denn geben, diese Fundamente: du, der du gräbst oder ich, der ich dir befehle zu graben? Deine Grube war keinen Sargnagel wert, sie ist wie ein Kartenhaus zusammengebrochen. Jetzt bleibt dir nichts anderes übrig als alles noch einmal von vorn zu beginnen und eine neue auszuheben.

ORI Eine reicht nicht?

CAPO Sie hätte gereicht, klar, wenn du sie nicht herausgefordert hättest, indem du sie zum Symbol deiner existentiellen Situation erhoben hast. Du hast ihren Traumaspekt ans Licht gebracht, von dem nicht einmal sie selbst wusste, dass sie ihn überhaupt hatte. Aber jetzt, wo der Traum sich in einen Albtraum verwandelt hat und der Albtraum in eine Katastrophe von planetarischen Dimensionen, muss die Grube, um sie zu der ihr angemessenen Dimension eines Bauwerks von öffentlichem Nutzen zurückzuführen, noch einmal ausgehoben werden. So wie du sie zur menschlichen Metapher zurechtgestutzt hast, nutzt sie niemandem! Graben, Ori, graben und noch einmal graben.

ORI Und was machen Sie, während ich grabe, Capo?

CAPO Ich denke darüber nach, was du in der Post-Grubenzeit tun kannst, Ori. Für den Fall, dass es eine Post-Grubenzeit gibt. Versuche ja, dir das zu verdienen.

ORI Ich werde mein Bestes tun, Capo. Ich habe schon angefangen zu graben.

CAPO Bravo, Ori. So gefällst du mir. Wenn du schweigend gräbst.

ORI Danke für das Zitat, Capo.

CAPO Bitte, Ori. Nichts zu danken. Pack zu.

Wehmütig fängt Ori wieder an zu graben. Musik. Es wird langsam dunkel.

LE GOUFFRE

satyre sur-réelle en 3 actes et un final.

Traduction en français de Marion Carbonnel

« L'unité d'un ordre fondé sur le retour de ce qui est analogue, même s'il s'agit seulement de l'analogie de moments sémantiques, c'est l'unité d'une activité qui retourne sur elle-même et qui se sonde à nouveau ; le centre de gravité n'est pas dans le sens du retour, mais dans le retour d'une activité du mouvement - intérieur et extérieur, du corps et de l'âme - qui a généré ce mouvement. » Bachtin, *Esthétique et Roman*, sur le problème de la création littéraire.

Personnages :   Ori *et* Chef

Caractères des personnages :

Ori

Etre humble, terre à terre, mais qui ne manque pas d'humour et de génie. Il supporte difficilement sa condition existentielle. Dans son attitude, il y a tout le pur pessimisme « ça pourrait être bien pire ». Son rêve, pour lequel il s'ajourne constamment, en se formant une culture fondée sur une accumulation de notions, est de répondre aux questions d'un quiz télévisé pour s'affranchir de sa condition servile dénommée, de manière euphémistique « travail ».

Chef

Astiqué autant que plastronné, il ressemble à une marionnette qui parle et bouge sur commande. Il est toujours en déséquilibre, sur le point de tomber, comme si sous ses pieds la réalité était constamment instable, provisoire. Son pouvoir se limite à commander Ori, mais il se sert de ce petit pouvoir justement pour imposer à son subordonné toute une série de petites brimades qu'il justifie par l'argumentation du manuel dont lui-même ne comprends pas tout à fait le sens.

PREMIER ACTE

Un tas de terre au centre de la scène. Quelques signaux de « travaux en cours ». Du gouffre, caché par le tas de terre, quelqu'un creuse rapidement. A l'improviste, on entend un coup sec, comme si la pelle avait touché un obstacle.

Du dedans :

UNE VOIX : Eh, j'ai touché quelque chose de dur!

Ori sort la tête du trou. Il porte un casque de mineur avec la petite lampe allumée.

ORI Eh, eh, on a touché le fond, pour de bon ! *(Il attend une réponse qui n'arrive pas.)* Vous avez entendu ? On a touché le fond sans s'en rendre compte... merde, le fond ! Ça nous était jamais arrivé avant... ça devait m'arriver juste à moi! Putain de journée ! Quand on dit une journée de merde ! *(il sort la tête de nouveau pour parler avec quelqu'un à l'intérieur du trou)* Tout le monde s'en fout.... Si, Si, bien sûr que j'ai insisté... Je vais essayer de faire péter un signal lumineux, OK ? ...Qui sait s'ils vont s'en rendre compte... (Il installe un signal lumineux au sol, allume la mèche et attend anxieux en se bouchant les oreilles, mais rien ne se produit.) Rie ? Pas de coup? Pas de... boum? Alors quel putain de putain de pétard...!

Le Chef entre.

CHEF Qu'est-ce qui t'prends, Ori? Qu'est-ce qui te pète avec les pétards?

ORI Voilà le Chef, les gars!

CHEF Et alors?

ORI Ça y est, Chef.

CHEF De quoi, Ori?

ORI On a touché le fond par mégarde.

CHEF Mégarde à toi, Ori.

ORI Ne m'en veuillez pas, Chef.

CHEF Et à qui dois-je m'en prendre, alors?

ORI Ben, c'est elle, la fosse, en fait, elle s'est fait toucher le fond.

CHEF La fosse se fait toucher le fond et toi tu perds ton temps avec les feux d'artifices?

ORI Mais quels feux? Ça c'est un pétard de secours. Il devrait faire « boum !» pour faire monter l'attention, vous comprenez? Et en fait il fait pas un branle.

CHEF Avec des vulgarités, on ne résout jamais rien.

ORI Excusez-moi Chef, je voulais dire qu'il ne saute pas.

CHEF Ecoute un peu : ça fait un bout de temps que je t'ai à l'œil, tu comprends? Et je ne t'aime pas, Ori, tu comprends que je ne t'aime pas : Tu serais même capable de transformer un simple putain de secours…brrr! Qu'est-ce que tu me fais dire? Pétard de secours, à utiliser seulement en cas d'urgence, dans un missile pyrotechnique pour amuser le public.

ORI Là, c'est vraiment une urgence, pas de la rigolade.

CHEF En dehors du fait que si c'était vraiment une urgence, et si ça, c'était un vrai pétard de secours, il serait parti …ou tu n'as pas confiance en nos moyens de secours?

ORI Je vous en prie, Chef! Je ne voulais pas mettre en doute notre indiscutable et approuvé efficacité, mais…

CHEF Et alors, explique un peu : pourquoi tu aurais dû demander de l'aide, Ori?

ORI Mais parce que on a touché le fond, Chef.

CHEF Ca tu me l'as déjà dit.

ORI Approchez-vous du gouffre, Chef : vous verrez quel désastre.

CHEF *(il s'approche)* Oui, je vois déjà, un grand malheur. T'es sûr que c'est vraiment le fond?

ORI Et comment, c'est dur comme un mur. Ecoutez bien… Les gars faites entendre le fond au Chef.

(On entend trois coups secs.)

CHEF j'ai vraiment l'impression que c'est le fond. Mais ça ne m'étonne pas…Je veux dire, pas plus que ça. Creuse creuse, on devait bien y arriver tôt ou tard, non?

ORI On est là pour ça!

CHEF Plus profond que ça, on ne pouvait pas y arriver, n'est-ce pas?

ORI Absolument pas. Quand on touche le fond, c'est pas marrant. Surtout c'est maintenant que ça va être dur de remonter.

CHEF Mais on ne pourra pas tomber plus bas.

ORI A moins qu'il y ait un double fond, Chef.

CHEF Foutaises.

ORI Foutaises,… Si c'est vous qui le dites.

CHEF Plutôt, on ne voit rien là-dessous?

ORI Noir comme la fin du monde.

CHEF Aucune ouverture, c'est sûr?

ORI On s'en serait rendu compte, Chef. Une ouverture, n'importe laquelle, là-dessous, ça ne passe pas inaperçu.

CHEF S'il s'en était présentée une, vous l'auriez tout de suite rebouchée, n'est-ce pas, Ori?

ORI Oui, Chef. Je le jure!

CHEF J'insiste : il ne doit y avoir aucune ouverture.

ORI A vos ordres, Chef !

CHEF Bien, c'est comme ça que je t'aime: obéissant et discipliné.

ORI Vous avez d'autres ordres, Chef?

CHEF Bof! Je devrais en avoir?

ORI Je pense que oui. Un Chef qui se respecte doit toujours avoir des ordres à donner, surtout dans ce domaine.

CHEF Qu'est-ce que tu en sais des domaines, imbécile!?

ORI Quand je vais chez mon oncle, j'aime regarder les domaines…

CHEF ça ce sont les domaines terriens.

ORI Et dire que j'avais trouvé le terme sur le dictionnaire de la langue française !

CHEF Tu ne devrais pas écouter les mauvaises langues. Les terriens trompent souvent et volontiers, ils apparaissent différents de ce qu'ils sont : on pourrait dire qu'ils sont contradictoires, spécialement dans la nuit du gouffre.

ORI Qu'est-ce je dois faire alors?

CHEF Ton travail. C'est-à-dire obéir et point barre.

ORI Obéir à quoi?

CHEF Aux ordres, imbécile!

ORI Mais à quels ordres? Ca fait un bout de tant que je n'en reçois plus!

CHEF L'ordre c'est, pour le moment, de maintenir l'ordre. Après on verra. Comme dit le proverbe: chaque chose en son temps. Ou bien dois-je penser que tu as hâtes que ça change?

ORI Ca ne tiendrait qu'à moi, chef!... Vous savez où est-ce que je les aurais envoyés les ordres?

CHEF Silence!

ORI Je peux pester, au moins?

CHEF Je me demande bien pourquoi. On peut savoir de quoi tu te plains?

ORI Un peu de tout, Chef.

CHEF Ca te semble une belle chose que de se lamenter?

ORI Non, Chef, bien sûr que non.

CHEF Tu vois bien que c'est moi qui aie raison?

ORI Vous avez toujours raison, Chef. Mais...

CHEF Quel est le problème?

ORI Quand on a bien touché le fond, on commence à se demander: Et maintenant, on se gratte la panse? Et les ordres n'arrivent pas...Et on ne sait pas quoi faire...Et on se demande: et s'ils n'arrivaient jamais?... Jusqu'à quand on pourra se gratter la panse?

CHEF ça suffit! Il n'y a pas à discuter. Les ordres arriveront Quand précisément, je ne scrais pas te le dire; mais sur le fait qu'ils arriveront, il n'y a pas de doute. Garanti!

ORI Si c'est vous qui le dites!

CHEF Tu es septique, Ori?

ORI Vous savez comment c'est. Dans d'autres occasions, je me serais bien passé des ordres. Quand il restait encore beaucoup à creuser, par exemple, on entendait seulement un ordre : « creuse- creuse ». Mais maintenant qu'on a touché le fond et qu'on ne sait même pas si demain on pourra continuer à creuser, on a besoin d'ordres immédiats, de sécurité quant à notre futur, on est à la merci des « dit-on » qui ne se concrétisent jamais en clef de lecture du présent... Ça vous paraît normal?

CHEF Tu pouvais obéir avant, quand il y avait matière à creuser, et par conséquence il y avait des ordres. Maintenant qu'il n'y en a plus, tu voudrais obéir. Mais maintenant, c'est trop tard. Mets-toi le où je pense, Ori ! Et profite-en bien!

ORI   Alors, du Chef, je peux très bien m'en passer, voilà!

CHEF   Te passer de moi? Tu deviens fou? Ici, il y a un épouvantable besoin de moi!

ORI   Non, au contraire.

CHEF   Ah, Ah! Attention!

ORI   On a besoin d'aucun Chef quand le Chef lui-même n'a plus d'ordres à donner .D'ailleurs, si vous, vous ne commandez plus, moi je n'ai plus d'ordres auxquels obéir, et, par conséquent, vous, vous n'êtes plus mon Chef. Vous n'êtes rien d'ailleurs, pas même un ami, ni une vieille connaissance ni même un colocataire : rien, vous avez compris, Chef ?, rien de rien. Niet ! Nisba ! Un éminent néant!

CHEF   Si tu le vois comme cela, je te licencie.

ORI   Ah, bien ! Et pourquoi donc ?

CHEF   Pour insubordination.

ORI   Insubordine à quoi !?

CHEF   Ca veut dire que tu refuses d'obéir.

ORI   Non. C'est vous qui refusez de donner des ordres.

CHEF   D'accord : l'ordre est de ne pas obéir à quelques ordres, étant donné qu'il n'y a plus d'ordres. Ça va comme ça? Tu es content?

ORI   Oh non, trop facile.

CHEF   Toi, aussi, tu voudrais obéir seulement quand ça t'arrange. Et ça, ce n'est pas correct. Ori, du moment que la société ne peut pas se permettre le luxe d'être à ton service, de courir après tes caprices et réparer tes erreurs.

ORI   Au moins, a-t-il quelqu'un au dessus de vous, qui pourrait donner des ordres?

CHEF   J'espère bien que oui, bon sang ! Maintenant que vous avez, enfin, que nous avons- vu que nous sommes sur le même bateau- touché le fond, je suis là, moi aussi, d'une certaine mesure, à attendre des ordres; et la situation, croit moi, est autant embarrassante pour moi. Essayons d'agir avec bon sens, OK, Ori

ORI   Ma foi ... *(Il s'assoie, avec le panier-repas sur les jambes)* Vous, vous y croyez aux ordres, Chef ?

CHEF   Tu poses certaines questions, Ori!

ORI   Ben, peut-être qu'on ne devait pas aller jusqu'à toucher le fond, peut-être qu'ils devaient nous arrêter avant, voilà, moi, c'est ce que je pense, voilà.

CHEF   Peut-être que quelqu'un t'as mis la pelle dans la main et t'as dit « vas-y, touche le fond »?

ORI   Non.

CHEF: Quels étaient les ordres?

ORI   Creuser, creuser, creuser.

CHEF   Et toi, tu as creusé?

ORI   Et comment ! Regardez les cloques ! Quand je me prends l'oiseau entre mes mains pour le tirer, j'ai l'impression de le tenir entre deux papiers de verre!

CHEF   Tu vois? C'est toi qui a gauchement touché le fond par manque d'expérience ou par excès de zèle jusqu'à te faire venir le papier de verre... c'est-à-dire les calles sur les paumes mains. Tu admets d'avoir exagéré, Ori?

ORI   Si on me fait creuser comme une taupe sans jamais de contre-ordre, c'est clair que tôt ou tard j'aurai touché le fond.

CHEF   Et pourquoi tu y es arrivé plus tôt que tard?

ORI   Parce qu'il n'y avait plus de terre sous mes pieds, Chef.

CHEF   Et toi, tu ne pouvais pas y penser avant, avant qu'elle finisse?

ORI   Je m'en suis aperçu quand justement j'ai touché le fond. Trop tard.

CHEF   Tu ne pouvais pas seulement l'effleurer ce mer...credi de fond?

ORI   S'il vous plaît, Chef, ne cherchez pas d'excuses : Si nous en sommes arrivés là, ce n'est certainement pas de ma faute.

CHEF   Et ce n'est pas la mienne non plus.

ORI   Ma foi... *(Il commence à manger)*

CHEF   Qu'est-ce-que tu manges, Ori?

ORI   Un mini petit pain, Chef.

CHEF   Si tu appelle ça mini! Mais c'est déjà l'heure de la pause, Ori?

ORI   Midi pile, Chef.

CHEF   Ma montre est en retard ; heureusement que mon estomac confirme, sinon tu te serais pris un blâme, Ori. Mais mon estomac te rend ta raison. Tu l'entends?

ORI Mince. *(En aparté)* pas une fois il apporterait son panier…Vous voulez partager, par hasard?

CHEF Si tu insistes… Une bouchée, juste pour goûter… *(Il engloutit en une seule bouchée le repas d'Ori.)*

ORI Vous avez perdu les ordres, mais pas l'appétit. N'est-ce-pas, Chef?

CHEF Ca, jamais. Et puis, Ori, tu sais que tu devrais me remercier.

ORI Pour de vrai? Oh, comme il est bon, le Chef. Je ne m'en été pas aperçu.

CHEF Ton petit pain n'était pas fameux : Je t'ai évité la difficulté de devoir le manger pour faire plaisir à ta chère femme. Il avait un étrange arrière goût que je ne m'explique pas.

ORI Moi je ne m'explique même pas le goût, vu que je ne l'ai même pas goûté.

CHEF Quand au goût, il pouvait passer…je dois l'admettre en toute sincérité. La prochaine fois que tu travailles de nuit j'irai faire mes compliments à ta douce consort. Tu n'as rien en contraire ?

ORI Tu sentiras quel arrière goût !

CHEF Oh merveilleux arrière, qu'est-ce qu'on ne ferait pas pour toi ! *(il dessine une silhouette féminine.)* C'est une constatation, cher Ori, pas une question. Sans vouloir t'offenser.

ORI Vous faites une allusion à quelque chose en particulier?

CHEF Non, je rigolais *(il baille)* Et maintenant laisse-moi tranquille… Aaaah … *(il s'allonge.)* J'ai un de ces sommeil, plus que ça on meurt!

ORI Comment ? On a le toupet de se coucher?

CHEF Et alors ? Qu'est-ce qu'y a de mal ? Si tu étais à ma place, tu ne te prendrais pas, toi, une belle pause de réflexion, hein?

ORI Ma foi…

CHEF Ecoute, Ori : avec cette expression qui te vient de temps en temps à la bouche, tu me casses vraiment les bonbons. Qu'est-ce que tu veux dire avec ton fichue « ma foi » ?

ORI Ne vous énervez pas, Chef. Si vous dites une pause de réflexion, moi je dis : ma foi, ça sera … une pause de réflexion. Un point c'est tout.

CHEF Dans le sens que ça ne l'ai pas?

ORI   Pour moi, il s agit seulement de passer le temps, voilà, en attendant les ordres, voilà!

CHEF   Je le répète une fois pour toutes : l'ordre est d'attendre les ordres. Compris?

ORI   Et, on attend!

CHEF   Moi, j'attends. Toi, va dans le gouffre et remet-toi au travail. N'importe lequel. Marche!

ORI   D'accord…

(Il rentre dans le gouffre jusqu'à la taille)

CHEF   *(après un temps)* Qu'est-ce que tu fais, Ori?

Ori : Je pisse, Chef.

CHEF   Dans le gouffre?

ORI   Et où sinon?

CHEF   t'es un troglodyte, Ori … Autre que le diminutif d'Oreste. Maintenant j'ai compris d'où vient ton nom, de « horreur »! Tu me dégoûtes!

ORI   Pourquoi, à vous ça vous arrive jamais, Chef ?

CHEF   Pas dans le gouffre, Ori. Pas dans le gouffre!

ORI   Qu'est-ce qu'il a ce gouffre qu'on peut pas y pisser dedans?

CHEF   Mais c'est notre gouffre, tu comprends?! Un peu de respect, nom d'un chien! Ça ne sera pas notre berceau mais, ma foi, ça sera sûrement notre tombe.

ORI   Vous aussi : « ma foi », hein, Chef?!

CHEF   Moi, j'ai le droit de me poser des questions sérieuses. Moi, oui.

ORI   Et moi, je pisse sur vos questions sérieuses.

CHEF   Ori, cette fois je te fracasse. Parce que ça c'est plus seulement de l'insubordination, c'est de la mauvaise éducation pure et simple! Sans penser qu'on ne peut injurier le gouffre et faire comme si rien n'était : approche!

ORI   Oh, Chef regardez un peu ce qui est sorti pendant que je pissais dans votre gouffre.

CHEF   Ori, ne change pas la conversation. Sort de là et viens te battre comme un homme.

(Il se lève et donne des coups)

ORI Vous savez taper à la machine, Chef?

CHEF Quelle machine?

Ori : Une machine à écrire. Elle aura été jetée dans la fosse par quelque journaliste entré à la télé.

CHEF Pas de suppositions, Ori ; Il se pourrait que tu y trouves aussi une télévision. Ça ne veut pas dire que ça serait la fin de la civilisation.

ORI Ou un frigo. Mais ça ne veut pas dire qu'il serait plein.

CHEF *(En faisant allusion à la machine à écrire)* Elle marche?

ORI Regardez vous-même. *(Il lui donne l'objet)*

CHEF Elle est trempée, cette machine. Mince, Ori!

ORI Un peu de patience. Elle va sécher.

CHEF Vous avez raison : c'est vraiment une machine à écrire.

ORI Et à quoi ça sert?

CHEF Imbécile. Comme son nom l'indique : elle sert à écrire.

ORI Et pensez que je lui ai pissé dessus.

CHEF Sans faire exprès, j'espère.

ORI Moi, en tout cas, j'avais envie de pisser, pas d'écrire. Et encore moins de lire. Je lis seulement aux toilettes, Chef, quand j'ai un gros besoin.

CHEF Pense à comment tu creuses, Ori : comme l'homme de Neandertal. Tu fais passer les besoins physiques avant les métaphysiques… Tu préfères le papier toilette au papier à lettre…

ORI Et c'est pas le point d'honneur de notre civilisation, l'hygiène?

CHEF Mais la civilisation, grand couillon, est née avec l'invention de l'écriture, pas du papier toilette!

ORI Alors, j'ai découvert une pièce préhistorique. Combien ça pourra valoir?

CHEF Ne te fais pas d'illusions. Cet objet est propriété de la direction du gouffre. Alors, bas les mains!

ORI Mais c'est moi qui l'ai trouvé!

CHEF Ce qui se trouve dans le gouffre appartient au gouffre. Ne fais pas d'histoires.

ORI Saleté de gouffre!

CHEF Il t'a donné du travail pendant tellement de temps, il t'a donné une machine à écrire pour t'exprimer intellectuellement, et toi, tu te permets de la traiter de la sorte, hein? Et en plus, tu urines…tu pisses dessus, Ori?

ORI Le travail s'est arrêté parce que le gouffre est fini ; et la machine à écrire, la direction même du gouffre se l'est appropriée, même si elle ne dirige plus rien, vu qu'il n'y a plus d'ordres à donner. Et pour ce qui concerne la liberté d'expression…laissons tomber, va, il vaut mieux!

CHEF Maintenant je vais t'écrire deux, trois ordres à te faire venir la chair de poule, crétin.

ORI Quels ordres?

CHEF Qu'est-ce que j'en sais…ceux qui arriveront, peut-être.

ORI Et s'ils devaient arriver par poste, c'est-à-dire déjà écrit?

CHEF Alors je les réécrits.

ORI Double peine?

CHEF Si ensuite ils devaient arriver verbalement, par téléphone, en somme, d'au-dessus, il y aura bien quelqu'un qui devra les écrire, les poser noir sur blanc, parce que tous les ordres doivent être écrits noir sur blanc. Et moi, qui ai le sens du devoir, je les mets à l'avance en noir sur blanc. Rien en contraire?

ORI Il n'y a pas d'ordres en couleur?

CHEF Tu travailles trop avec les fantasmes, Ori.

ORI Et vous, vous travaillez à tort et à travers.

CHEF Les générations futures en jugeront, Ori.

ORI Je doute en tout cas qu'il reste quelque chose de vos ordres écrits aux futures générations si vous ne mettez pas de papier dedans.

CHEF Tiens, c'est vrai : j'écrivais sans papier dedans. Amusant! J'ai comme l'impression que c'est toi qui as raison…bizarreries de la vie!

ORI *(surpris)* C'est moi qui ai raison, Chef ? C'est bien la première fois que plus ou moins officieusement on m'atteste quelque chose.

CHEF Il ne faut pas te laisser surprendre. Mon proverbe à moi c'est : rends à César ce qui est à César…et à Ori, bien entendu, ce qui est à Ori.

ORI Merci, Chef.

CHEF Le devoir, Ori, le devoir. Même si sa peut sembler terriblement contre-productif de respecter les règles à la lettre.

ORI ça sonne mal quand c'est vous qui le dites.

CHEF Réfléchi : si tu avais prolongé à outrance les travaux de creusage pour gagner du temps, maintenant il y aurait encore un gouffre à finir. Et nous en aurions tous deux tiré un avantage, n'est-ce pas?

ORI Si je ne m'étais pas dépêché, vous m'auriez licencié, n'est-ce pas, Chef?

CHEF Mais si tu avais seulement fait semblant de te dépêcher, moi j'aurai seulement fais semblant de te licencier, je t'aurai mis quelques temps à l'agence pour l'emploi et puis après on aurait recommencé à creuser ailleurs, sans se faire remarquer. Un chantier par ici, un autre par là… On aurait sauvé les apparences, en s'acquittant des formalités de rites et bonne nuit.

ORI Et alors?

CHEF Et alors toi, malheureusement tu l'as pris à la lettre: d'un vulgaire creusage, d'un simple cassage, tu as fait un gouffre sans fin qui risque de s'écrouler sous le poids de nos réciproques responsabilités civiles et pénales, si ce n'est pas politiques.

ORI Je répète : l'ordre était de creuser un gouffre et moi je l'ai creusé.

CHEF Mais tu as pris goût à creuser. Et tu es arrivé au fond… du gouffre. Donc il ne me reste qu'à te licencier pour de bon. Je suis désolé.

ORI Si vous ne me mettez même pas à l'agence pour l'emploi, c'est comme si vous me mettiez directement à l'agence funéraire.

CHEF Ne baisse jamais les bras, Ori et surtout bonne chance !

ORI Réfléchissez un peu, Chef.

CHEF Ori, c'est inutile, totalement inutile: le gouffre est terminé et les ordres n'arrivent pas. Moi-même je ne sais pas ce que je vais faire. Crois-moi, j'ai cherché longtemps, j'ai essayé de m'inventer du travail, de me donner des ordres tout seul, mais sans résultats concrets. Donc il ne nous reste qu'à fermer la boutique…et cherche-toi une autre occupation.

ORI Et vous qu'est-ce que vous allez faire ?

CHEF Je resterai ici, en première ligne, pour surveiller la fosse.

ORI Et si on la rebouchait? Vous y avez pensé à cette solution?

CHEF On a tellement peiné pour la creuser et tu voudrais qu'on la rebouche?

ORI Ouverte comme ça elle présente un réel danger : quelqu'un pourrait y tomber dedans et se casser la tête.

CHEF Ca aussi c'est vrai.

ORI   Et la responsabilité finirait par tomber directement sur le responsable du chantier, Chef : c'est-à-dire, sur vous. Vous pourriez avoir des ennuis, croyez-moi. Sinon de sérieux problèmes.

CHEF   Tu commences à avoir raison un peu trop souvent, j'ai l'impression.

ORI   Le besoin fait la vertu, Chef.

CHEF   Certes, si c'était moi qui commandais, je donnerai des dispositions, c'est-à-dire des ordres en ce sens. Mais, malheureusement, mon rôle est limité : je ne peux pas sauter la hiérarchie. Vraiment pas. Du moins, je le pense…

ORI   En tout cas, ça serait la chose la plus raisonnable à faire en ce moment.

CHEF   Je parie que celui qui est aux commandes aura eu la même idée.

ORI   Pas «aura», Chef : a, a sans doute.

CHEF   Oui, oui, mais je ne peux pas prendre cette responsabilité, c'est trop pour moi…anticiper sur les ordres… C'est même pas la peine d'en parler. Si on savait au moins qui commande, on pourrait demander un ordre de service!

OrRI: En bref, qu'est-ce que vous avez l'intention de faire?

CHEF   On attend encore un peu. Après on verra. Qui vivra, verra. D'accord? C'est sûr qu'entre temps tu verras ta paye suspendue.

ORI   Qu'est-ce que vous voulais que je vous dise, Chef : merci!

CHEF   Il n'y a pas de quoi. Mais ne te décourage pas. L'ordre arrivera à temps, c'est sûr.

ORI   En espérant que l'ordre, ce ne soit pas de licencier.

CHEF   Ne me fais pas rire! Ça serait une belle provocation! Ah ah ah!

ORI   Ben, mieux vaut ne pas y penser. Comme dit le proverbe : Tant qu'il y a de la vie,…

CHEF   Y'a de l'espoir, Ori!

Ils s'assoient sur le bord du gouffre. Ori allume une cigarette qu'il donne tout de suite au Chef.

ORI   Belle vue, d'ici. Vous ne trouvez pas?

CHEF   Si la fosse ne rendait pas l'air irrespirable, empesté par les putrides émanations de ses remontées nauséabondes… Bah! Quelle horreur!

ORI   A moi, au contraire, c'est justement le gouffre qui me plaît dans le panorama.

CHEF   Je ne te comprends pas, Ori ; ou plutôt, je comprends que tu aies besoin de la fosse pour aller de l'avant dans ta triste existence terrestre, avec la montagne de terre que tu dois piocher pour payer les factures à la fin du mois. Mais de là à considérer ce gouffre comme l'exemple du panorama idéal, il en faut beaucoup, non?

ORI   Je sais bien. Mais, malheureusement, il s'agit d'une déformation professionnelle. Je pourrai presque dire y être né dans cette fosse, et probablement, j'y crèverai. Le gouffre se fait toujours plus réel, mais pour moi, c'est comme si c'était toujours la même fosse de mon enfance, une fosse sombre et angoissante privée de toute aération, un trou noir, une caverne sur le fond de laquelle se dessinent les ombres d'une réalité supérieure injoignable…

CHEF   Injoignable pour qui sait s'accommoder ; pour ceux, comme toi, qui ne veulent pas la rejoindre, Ori. Et qui restent au fond de la caverne.

ORI   Vous connaissez les ordres mieux que moi, Chef : fermer toutes les bouches d'aérations, bloquer toutes les sorties de secours, empêcher par tous les moyens, arracher les ailes, siller les échelles, couper les jambes et creuser, creuser, creuser….Je n'ai jamais eu le choix…

CHEF   C'est triste, Ori.

ORI   J'avoue avoir cultivé quelques espoirs cachés. Souvent, je me suis dit : Tu paries que le gouffre servira pour jeter les bases, les fondations de l'avenir?

CHEF   J'en doute, Ori

ORI   Moi aussi, Chef. C'était seulement une idée.

CHEF   Une idée insensée. Fais-toi servir : Moi je suis plus âgé et j'ai plus d'expérience que toi : j'ai vu des tas de fosses et très peu de fondations. C'est pessimiste, mais malheureusement c'est comme ça, Ori.

ORI   C'est comme ça, Chef !

CHEF   C'est ça, c'est comme ça, Ori.

Le Chef continue de fumer. Ori s'essuie la sueur. Il se mouche et s'essuie quelques larmes du coin de l'œil. Tout à coup, le haut-parleur déclenche une voix impérieuse qui rompt le silence existant.

SAU-TER !

Les deux hommes sautent sur leurs pieds.

ORI   Vous avez entendu, Chef?

CHEF   Et comment, Ori. Encore un peu et ça m'explosait les tympans!

ORI   C'est un ordre, d'après vous?

CHEF   Je ne sais pas.

ORI   A moi, ça m'a semblé être un ordre.

CHEF   A moi aussi, ça m'a semblé être un ordre. Mais, à la fin, on n'sait jamais. Si nous on obéit et que ce n'est pas un ordre, qu'est-ce qu'on fait, hein ?, quand après l'ordre officiel arrive, en bonne et due forme?

ORI   Mais vous, Chef, vous ne savez pas distinguer un ordre?

CHEF   Un ordre d'un autre, si. Mais un ordre en tant qu'ordre… c'est plus difficile. Je m'explique: dans un sens, les ordres se distinguent d'emblée, c'est vrai. Ils te disent de faire ou de ne pas faire quelque chose etc, etc. En fait, on sait tout de suite ce qu'il faut faire et ce qu'il ne faut pas faire.

ORI   Bon.

CHEF   Mais maintenant, je l'admets, je suis un peu incertain sur ce qu'il faut faire, je ne suis pas sûr du contenu de l'ordre que nous avons reçu, si, bien entendu, il s'agit bien d'un ordre. Et un ordre qui te laisse incertain, ce n'est peut-être pas réellement un ordre.

ORI   Et qu'est-ce que c'est, alors ?

CHEF   Ca, c'est la question. Peut-être que si, c'est un ordre et s'il demande de «sauter», nous on a tort de ne pas sauter. Mais tout de même ce n'est pas un ordre comme il faut, et à un ordre pas clairement énoncé, on peut formellement désobéir.

ORI   Alors, qu'est-ce qu'on fait?

CHEF   Laisse-moi réfléchir.

ORI   *(Après un temps)* Chef, excusez-moi, à quoi ça sert les ordres?

CHEF   A obéir. Un ordre, en effet, vient énoncé afin que quelqu'un le suive.

ORI   Elémentaire.

CHEF   Alors, pourquoi cette question, si tu le sais déjà?

ORI   On a l'embarras du choix, Chef : on saute ou on saute pas?

CHEF Je répète, si c'était un ordre, on n'aurait pas de difficultés à se décider dans un sens ou bien dans l'autre.

ORI A droite ou à gauche?

CHEF Là, il ne s'agit plus de sens, mais bien de directions. C'est là que commence la première objection logique. En quittant le centre, et en laissant le gouffre livré à lui-même, tu sais ce qui se passerait? Le désordre commencerait à régner, et non l'ordre! Et un ordre, qui justement porte au désordre, doit être contre- balancé par un contre ordre approprié. C'est clair?

ORI Donc, on saute pas?

CHEF Et non, qu'on saute pas. On ne peut pas sauter, vu qu'en sautant nous obéirions à l'ordre mais alors, nous serions considérés comme des négligents vis-à-vis du contre ordre qui est certainement (je le répète : j'y mettrai ma main sur le feu) sur le point d'arriver.

ORI Vous en êtes sûr ?

CHEF Aie confiance.

ORI Alors d'accord, on ne bouge pas?

CHEF Non, on reste au centre, en attendant des ordres plus précis concernant le gouffre. Ca reste un gouffre impressionnant. Donc, ….

ORI Si c'est vous qui le dites.

CHEF Cigarette ?

ORI Non, merci, j'ai les miennes.

CHEF Voilà, justement, donnes m'en une des tiennes, si ça ne te dérange pas.

ORI Il me semblait bien !

Ils s'assoient de nouveau et fument. Une balle de couleur sort à l'improviste du gouffre.

Chef : Regarde, Ori, le gouffre à cracher une sphère.

ORI Enfin quelque chose de sérieux ! Finalement on peut commence à réfléchir.

(Il dribble un peu avec la balle avant de la renvoyer dans le gouffre.) Olé !

Il n'a pas même le temps de se retourner que la balle saute de nouveau du gouffre.

Le gouffre est bon joueur, Chef. Olé ! *(il fait centre encore une fois dans le gouffre.)*

CHEF Il veut seulement te distraire des vraies préoccupations, Ori. Ne sois pas dupe.

ORI S'il pense que je me contente de quelques échanges de balles, il se trompe. Il en faut bien plus pour me faire oublier la situation où je suis. Il pense pouvoir me rendre la vie plus légère avec un quiz, un film à l'eau de rose, une partie de foot ? Bien sûr, c'est toujours mieux qu'un coup de pied au derrière. Mais d'ici à perdre de vue la réalité, il en faut...

Un bruit obscène émane du gouffre :

Prrrrrrr !

CHEF Il fallait s'y attendre, Ori. Tu l'as traité comme un WC public, et maintenant le gouffre te rend la pareille en te traitant de fou !

ORI Ah oui ? Mais moi j'ai encore quelques flèches à mon arc ! (Il baisse son pantalon et il s'assoie dessus) N'est-ce pas Chef ?

CHEF Tu es dégoutant, Ori. Cigarette !

ORI (Il se rhabille, regarde dans le paquet) C'est la dernière, Chef.

CHEF Une en moins, Ori. Un jour tu me remercieras.

Ils se rassoient et se remettent à fumer. Tout à coup, la voix, de nouveau :

SAU-TER

ORI On saute, Chef ?

CHEF Je t'ai déjà dit que non, Ori. Je te prie vivement de ne pas insister.

ORI Ce n'est pas moi qui insistence.

CHEF Mon Dieu, quelle ignorance! Je sais bien que ce n'est pas toi qui insistes. Mais, maintenant qu'on s'est donné, finalement, une ligne de conduite, on peut pas tout se remanger pour motif de fainéantise mentale ou pour la seule crainte de déplaire à quelqu'un. Bonté divine! On a concordé sur le fait que l'ordre doit se présenter avec simplicité et clarté, sans demies-mesures ou zones d'ombres pour pouvoir être considéré en tant qu'ordre réel et palpable. Juste ?

ORI Très juste.

CHEF Alors, nous ne pouvons pas sauter au deuxième « SAU-TER » sans avoir été auparavant contraint d'expliquer pourquoi nous n'avons pas sauter au premier « SAU-TER ».

ORI Au fait, c'est vrai pourquoi on n'a pas sauté ?

CHEF Parce qu'il n'y avait rien à sauter. Du moins, nous en avons décidé de la sorte. Et maintenant, nous devons nous tenir à cette interprétation, si nous ne voulons pas tomber dans une grave contradiction par rapport à notre comportement précédant, lequel serait alors, cette fois, oui, irrémédiablement inexplicable... Est-ce clair, Ori ?

ORI Plus **et** moins, Chef.

CHEF Comme ça, ça leur apprendra à nous donner des ordres insensés.

ORI Permettez, tout de même : Les ordres ne se discutent pas.

CHEF Eh, ça y est, tu t'es monté la tête ? Tu as oublié qui est le Chef, ici ? C'est à moi de juger quels sont les ordres effectifs et ceux qui ne le sont pas... Ceux qui nécessitent des ultérieures modifications, ou ceux qui sont impudemment inapplicables ou contreproductifs.

ORI Il faut seulement qu'après on ne vienne pas me reprocher que c'est moi qui n'est pas voulu sauter.

CHEF Tu as sauté, peut-être, non? Alors qu'est-ce que tu racontes ? Toi, dans tous les cas, tu as désobéis.

ORI Après votre recommandation bien précise.

CHEF Et si je te dis de te jeter à la mer, toi qu'est-ce que tu fais ? Tu le fait ?

ORI Maintenant, je comprends tout : vous voulez me faire prendre en faute. Vous, vous sauter en me conseillant de ne pas sauter et moi je passe pour une larve. Mais moi, je ne marche pas, Chef !, et je saute avant vous.

CHEF Alors je saute moi aussi, bouffon.

Ils se mettent en position pour sauter. Du gouffre un drapeau rouge s'agite.

CHEF *(En s'arrêtant net)* Qu'est-ce que c'est ça, malheureux ?!

ORI Un signal de faux départ, peut-être.

CHEF En revanche, c'est moi qui te le dis : un drapeau rouge.

ORI Rouge ? Juste rose, Chef, un rose un peu vif, d'accord, mais...pas rouge, non! Elle ne se serait jamais permis de s'éventer.

CHEF Elle est même plus rouge de ta tête de turc. Maintenant ça y est Ori, on a vraiment touché le fond, quelle honte !

ORI Peut-être que dans le gouffre il y a la mer agitée et alors ils ont levé le drapeau rouge de la capitainerie du port pour signaler le danger que représentent les grosses vagues.

CHEF   Ne me prends pas pour un con. Ca, c'est pas le drapeau rouge de mer agitée: c'est le drapeau rouge de l'international. Putain, là je te dis franco que cette fois je suis vraiment enragé comme un chien. Et quand je vois du rouge je charge comme un taureau...

ORI   *(En se tournant comme un toréro)* Olé, Chef, olé.

CHEF   (il l'attaque) Bougeons-nous, Ori : là nous sommes aux prises d'un anachronisme historique dont tu es directement impliqué. Admets-le ! (il s'arrête pour reprendre son souffle) Ca m'étonne de toi. Je croyais que le communisme était mort et enterré et que le gouffre était justement sa tombe.

ORI   Au contraire, il a rejailli.

Maintenant, un drapeau noir sort aussi du gouffre.

CHEF   Il me semble qu'il rejailli un peu trop de choses de ces égouts. Fais front !

ORI   A vos ordres, Chef. *(Il rentre dans le gouffre)*

CHEF   Et demain apporte deux paquets de cigarettes.

ORI   Et pourquoi, deux

CHEF   Un pour toi et un pour moi.

ORI   Merci pour le conseil. Je ne manquerais pas.

CHEF   Très bien. *(Il siffle un peu)* Tu as fini ? Enfin, il te faut combien de temps pour enterrer définitivement le communisme ?

ORI   Il résiste, Chef. Mentalement, il ne veut pas aller sous terre. Il essaie même de s'accorder avec le marché global.

CHEF   Quelle merde de gouffre!

ORI   Et moi, je suis dedans jusqu'au cou.

CHEF   Il faut savoir s'adapter aux temps qui courts, ou plutôt, qui sautent! C'est déjà beaucoup de pouvoir creuser un gouffre. Ensuite, qu'il s'agisse d'une minière, d'un puits de pétrole ou d'une tombe, ce n'sont pas tes affaires. L'important c'est que tu gagnes ton pain en creusant, en creusant et en creusant encore.

ORI   Une tombe, encore, encore. Mais une bouche d'égout, non, je refuse. Putain de vie, je ne mérite pas ça! J'ai une ancienneté totalement respectable et mon grand-père a même fait résistance !

CHEF   Partisan?

ORI   Non, alcoolique. Ils l'ont arrêté cinq fois pour violence et résistance aux officiers publics. *(il met un pied hors du gouffre)*

CHEF   Qu'est-ce que tu fais? Qui t'as dit de sortir du gouffre?

ORI   J'ai fini, Chef. Donc, si ça ne vous dérange pas et, surtout, si vous n'avez pas d'autres ordres…

CHEF   Non, pour le moment je n'ai pas d'autres ordres… *(il inspecte la fosse)* bon, bon, très bien…

ORI   Satisfait, Chef? Je l'ai enterré comme il faut?

CHEF   Tu as fais seulement ton devoir, Ori. Rien d'extraordinaire. Ne te monte pas la tête.

ORI   Vu que vous n'avez pas d'autres ordres et étant donné que je suis suspendu de rétribution, je voudrais momentanément me suspendre de suer sang et eau. Permission!

CHEF   Attention, Ori. Le fait que je n'ai pas d'ordres ne justifie pas ton absentéisme, ton je-m'en-foutisme et en général, le fait que tu ne prennes pas ton travail au sérieux.

ORI   Je le prends où je peux, Chef. Du moment que je ne le prenne dans le cul !

CHEF   Tu ricanes dans tes moustaches, je te vois, bâtard !

ORI   Ce ne sont pas des moustaches, Chef, c'est mes des tâches de graisse : On travaille dur dans le gouffre.

CHEF   Moi, j'ai pas l'impression. Dans tous les cas, on verra bien quand les ordres arriveront, Ori. A ta place, je resterais avec le souffle suspendu. A savoir qu'est-ce qui te demanderont.

ORI   Qu'est-ce que vous voulez qu'ils me veulent? Me faire creuser une autre fosse?

CHEF   Où une autre fosse commune. On verra bien…

ORI   On verra bien!

CHEF   Moi, je verrai bien, toi, tu seras dans le gouffre à faire ton travail.

ORI   C'est-à-dire ?

CHEF   Actuellement, je n'en sais rien. Mais je ne tarderais pas à le savoir.

ORI   Avoir un Chef et ne pas avoir d'ordres est la pire des choses qui puisse arriver à quelqu'un qui a mieux à faire dans la vie.

CHEF   Pourquoi ?

ORI   Parce qu'il faut obéir sans même savoir à quoi. Et la vie passe, sans rien de sûr et de faisable…

CHEF   En attendant, tu dois m'obéir. Ca c'est ton devoir dans la vie.

ORI   Vous, vous n'êtes pas un ordre.

CHEF   Attention, on ne peut obéir à un ordre sans Chef.

ORI   Mais on ne peut pas non plus obéir à un Chef sans ordres.

CHEF   Qui te dit qu'il n'en a pas?

ORI   Il me semblait avoir été clair : S'il les avait, il les aurait déjà ordonnés.

CHEF   Le problème avec toi c'est que tu cherches toujours la petite bête.

ORI   Le problème c'est que j'ai raison.

CHEF   Si, si, mais avec calme, hein? Avec graaaand calme, On s'est compris? Tu es en train de prendre un malin plaisir à changer de rang. A avoir un peu trop raison. Reste à ta place, OK ?! Couché ! Et ne m'énerve pas… *(Ori se couche comme un chien)* Comme ça c'est mieux, bieeen mieux !

ORI   Ouaf, ouaf.

CHEF   Tu deviens fou ?

ORI   Puisque je dois rester couché comme un chien, autant aboyer… Pourquoi vous ne me jetez pas un os ?

CHEF   Attends les ordres, nom de Dieu. S'ils te disent de faire le chien pour de bon, Tu seras autorisé à faire le chien pour de bon. Même à remuer la queue et à faire des courbettes à celui qui te la tire.

ORI   Et à lever la jambe?

CHEF   Loin du gouffre, en tout cas.

ORI   C'est un ordre, Chef?

CHEF   Va te faire foutre, Ori.

ORI   Vous vous la prenez peut-être avec moi ?

CHEF   Tu m'as mis dans la merde, crétin. « Eh, Chef, on a touché le fond, vous avez d'autres ordres ? » Et où est-ce que je vais les chercher, moi, les ordres, hein ?, espèce d'imbécile ! Tu as mis en doute mon rôle avec ton comportement ridicule, tu as fais vaciller ma leadership. Tu as eu tord, Ori, tu ne devais pas me demander des ordres qui n'arrivaient pas. Je les ai pas les ordres, t'as compris ? Je ne les ai pas ! Et je ne sais pas comment sortir de cette situation, pour dire peu, regrettable (pour ne pas dire de merde!). C'est aussi frustrant pour moi, qu'est-ce que tu crois ?

ORI   Pauvre Chef !

CHEF   Je suis fatigué, Ori, de faire le Chef.

ORI   Vous vous êtes fatigué de donner des ordres, et moi, d'obéir. On est à égalité, Chef.

CHEF   Oui, on est à égalité, Ori.

Après une brève pause, la voix gronde de nouveau :

SAU-TER

ORI   Zut, il ne fallait pas qu'on s'arrête, on devait rester plus sur le qui-vive. Prévoir, prévenir.

CHEF   Ils nous laissent du mou, et puis tout à coup, ils tirent les rennes avec une force terrible. Bâtards !

ORI   C'est vrai. On n'a même pas le temps de profiter d'un peu d'une bonne anarchie, d'un chaos autarcique, quand à l'improviste, émane du désordre, l'ordre de sauter. Ca vous semble juste?

CHEF   Non, Ori, l'idée de sauter me donne la chair de poule et me casse les couilles à moi aussi.

ORI   Moi, je ne saute pas.

CHEF   Moi non plus.

La voix gronde de nouveau, plus fort :

SAU-TER

ORI   Malédiction ! Cette fois, c'est la bonne, Chef !

CHEF   C'est vrai ! On dirait que au-dessus, en haut, mais vraiment, vraiment en-haut, ils commencent à faire les choses à la grande. Il était temps.

On entend les claquements d'un coup de fouet.

ORI   J'ai peur, Chef.

CHEF   Saute, Ori, saute! *(Il commence à courir sur place, sans se déplacer, ou plutôt, en se projetant lentement en arrière vers le gouffre).*

ORI   Qu'est-ce que vous faites, Chef, vous sauter en arrière?

CHEF   Non, Ori, J'essaie de me dégager de la force d'attraction créée par la fosse, rien que ça. Mais je n'y arrive pas! C'est incroyable la quantité de kilotonnes qu'un trou du genre peut produire! On est en train d'entrer droit, droit dans son cul, Ori! Tu t'en rends compte?

ORI   Maintenant je le sens, il m'a pris moi aussi. J'essaie de sauter, Chef, on va voir se qui se passe *(Il commence à courir lui aussi, mais en allant en arrière vers le gouffre.)*

CHEF   On est entrain de se spécialiser dans une nouvelle discipline : les cent mètres à l'envers.

ORI   Quels cent mètres ? Dans quelques centimètres on va finir engloutis par la fosse !

CHEF   Cours, Ori, cours.

ORI   Chef, ne vous accrochez pas à moi…vous me déshabillez!

CHEF   Sous terre, tu n'auras plus besoin de vêtements, Ori.

ORI   Mince, j'ai complètement usé la semelle de mes chaussures, et mes talons commencent à frotter sur le sol. Comme ça brûûûûle!

CHEF   A l'aide, Ori !

ORI   On s'enfonce, Chef ! c'est dégradant, mais malheureusement c'est comme ça.

CHEF   Va te faire enculer, Ori ! Tu n'avais pas dit qu'une fois le fond touché, on ne pouvait pas tomber plus bas?

ORI   Moi ?

CHEF   Oui, toi, toi, justement : Je m'en souviens parfaitement.

ORI   Peut-être, je dis tellement de choses, moi.

CHEF   Couillon! Si j'avais su la réalité des choses, j'aurai donné quelques ordres pour y remédier, qu'est-ce que j'en sais? J'aurai fait mettre quelques matelas au fond pour amortir le choc.

ORI   On est prêt à tomber, Chef.

CHEF   Jette-toi en premier. *(Il le pousse dans la fosse)*

ORI   Aaaaaah ! *(il disparaît dans le gouffre)*

CHEF   Ca lui apprendra à faire des trous plus gros que lui! *(la main de Ori émerge du gouffre et prend le Chef par les chevilles qui tombe à son tour)* Aaaaaah!

La scène reste vide. Côté jardin, un panneau humain apparaît, avec comme texte :

COUP DE...

Et côté cour, un autre panneau avec le texte :

FIL ?

(On entend un téléphone sonner)

Le panneau côté jardin fait signe que non, tandis que celui côté cour corrige :

FOUDRE ?

(On entend un éclair)

Le panneau côté jardin fait signe que non, le panneau côté cour corrige encore une fois :

PISTOLET ?

(On entend un coup de canon)

Le panneau côté jardin s'impatiente, l'autre corrige encore :

THEATRE ?

(Le panneau côté jardin s'énerve.)

Le panneau côté jardin devient fou, l'autre corrige une dernière fois :

ETAT!

(On entend une rafale de mitraillette)

Le panneau côté jardin montre son approbation. Mais la scène tombe dans le noir. Sur le fond, un signal lumineux averti :

INTERRUPTION VIDEO ET AUDIO

POUR LA COMMUNICATION INTERNATIONALE

VEUILLEZ NOUS EXCUSEZ DE L'INTERRUPTION

LE SPECTACLE REPRENDRA DANS QUELQUES INSTANTS

Après quelques instants de silence, quelques bruits lointains émanent du gouffre, du plus en plus audibles, comme si les travaux avaient repris.

VOIX DU CHEF   Eh, j'ai touché quelque chose de dur!

On aperçoit le Chef qui sort la tête du gouffre. Il porte un casque de mineur avec la petite lampe allumée.

CHEF   Eh, eh, on a touché encore une fois le fond *(Il attend une réponse qui n'arrive pas)* Vous avez entendu? On a touché le fond sans s'en rendre compte… merde, Le fond ! Ça nous était jamais arrivé avant… ça devait m'arriver juste à moi! Putain de journée! Quand on dit une journée de merde! *(il sort de nouveau la tête pour parler avec quelqu'un dans le trou)* Tout le monde s'en fout…. Si, Si, bien sûr que j'ai insisté… Je vais essayer de faire péter un signal lumineux, OK ?...Qui sait s'ils vont s'en rendre compte… *(Il installe un signal lumineux au sol, allume la mèche et attends anxieux en se bouchant les oreilles, mais rien ne se produit.)* Rien? Pas de coup? Pas de… boum? Alors quel putain de putain de pétard… !

Ori entre.

ORI   Qu'est-ce qui t'prends, Chef? Qu'est-ce qui te pète avec les pétards?

CHEF   Voilà Ori, les gars!

ORI   Et alors?

CHEF   ça y est, Ori.

ORI   De quoi, Chef?

CHEF   On a touché le fond par mégarde.

ORI   Mégarde à toi, Chef.

CHEF   Ne m'en veux pas, Ori.

ORI   Et à qui dois-je m'en prendre, alors?

CHEF   Ben, c'est elle, la fosse, en fait, elle s'est fait toucher le fond.

ORI   La fosse se fait toucher le fond et toi tu perds ton temps avec les feux d'artifices?

CHEF   Mais quels feux ? Ça c'est un pétard de secours. Il devrait faire « boum !» pour faire monter l'attention, vous comprenez? Et en fait il fait pas un branle.

ORI   Avec des vulgarités, on ne résout jamais rien.

CHEF   Excuse-moi Ori, je voulais dire qu'il ne saute pas.

ORI   Ecoute un peu : ça fait un bout de temps que je t'ai à l'œil, tu comprends? Et je ne t'aime pas, Chef, tu comprends que je ne t'aime pas : Tu serais même capable de transformer un simple putain de secours…brrr! Qu'est-ce que tu me fais dire? Pétard de secours, à utiliser seulement en cas d'urgence, dans un missile pyrotechnique pour amuser le public.

CHEF Là, c'est vraiment une urgence, pas de la rigolade.

ORI En dehors du fait que si c'était vraiment une urgence, et si ça, c'était un vrai pétard de secours, il serait parti …ou tu n'as pas confiance en nos moyens de secours?

CHEF Je t'en prie, Ori! Je ne voulais pas mettre en doute notre indiscutable et approuvé efficacité, mais…

ORI Et alors, explique un peu : pourquoi tu aurais dû demander de l'aide, Chef?

CHEF Mais parce que on a touché le fond, Ori.

ORI ça tu me l'as déjà dit.

CHEF Approche-toi du gouffre, Ori : tu verras quel désastre.

ORI *(il s'approche)* Oui, je vois déjà, un grand malheur. T'es sûr que c'est vraiment le fond?

CHEF Et comment, c'est dur comme un mur. Ecoute bien… Les gars faites entendre le fond à Ori.

(On entend trois coups secs.)

ORI J'ai vraiment l'impression que c'est le fond. Mais ça ne m'étonne pas…Je veux dire, pas plus que ça. Creuse creuse, on devait bien y arriver tôt ou tard, non?

CHEF On est là pour ça, Ori.

ORI Plus profond que ça, on ne pouvait pas y arriver, n'est-ce pas?

CHEF C'est exact. Quand on touche le fond, c'est pas marrant. Surtout c'est maintenant que ça va être dur de remonter.

ORI Mais on ne pourra pas tomber plus bas.

CHEF A moins qu'il y ait un double fond, Ori.

ORI Foutaises.

CHEF Foutaises,… Si tu le dis!

ORI Plutôt, on ne voit rien là-dessous?

CHEF Noir comme la fin du monde.

ORI Aucune ouverture, c'est sûr?

CHEF   On s'en serait rendu compte. Une ouverture, n'importe laquelle, là-dessous, ça ne passe pas inaperçu, Ori.

ORI   S'il s'en était présentée une, vous l'auriez tout de suite rebouchée, n'est-ce pas, Chef?

CHEF   Oui, Ori.

ORI   J'insiste : il ne doit y avoir aucune ouverture.

CHEF   A vos ordres, Ori!

ORI   Bien, c'est comme ça que je t'aime: obéissant et discipliné.

CHEF   Tu as d'autres ordres, Ori?

Derrière eux, apparaît une ombre gigantesque.

ORI   Bof! Je devrais en avoir?

CHEF   Maintenant, c'est toi qui commande, Ori.

ORI   C'est facile de dire : « maintenant c'est toi qui commande », Chef.

CHEF   C'est vraiment toi qui me le dis?

ORI   Mais… Qu'est-ce que c'est cet épouvantail?

CHEF   Encore jamais vu.

ORI   Il a un air menaçant.

CHEF   Ah, oui ?

ORI   Avec cette matraque qu'il tient dans les mains, il ne promet rien de bon.

CHEF   C'est pas une matraque, crétin. C'est une baguette, tu ne vois pas?

ORI   Il voudra nous prendre à coup de baguette.

CHEF   Pas vraiment, vu qu'il s'agit d'une baguette magique.

ORI   Et à quoi ça lui sert une baguette magique?

CHEF   A faire des miracles, Ori. A remplir la fosse, il veut réussir là où nous avons misérablement échoué.

ORI   Tu dois avoir de la merde dans les yeux, Chef : ça c'est une matraque en chair et en os. Et je crois même qu'elle est bien dure.

CHEF   Couillon, tu vois des matraques là où il y a des baguettes magiques.

ORI   On dirait qu'un ordre va être promulgué.

CHEF   Pauvre Ori, tu confonds même les conseils avec les ordres.

ORI   On prend des conseils pour des acquis, on passe par les conseils d'administration et on finit avec les conseils des ministres et les conseils de guerre, Chef. Je connais la chanson.

CHEF   Tu es toujours aussi pessimiste… et même un peu défaitiste, tu sais?

ORI   Couchez-vous, Chef : un conseil formel va être prononcé!

CHEF   Tu veux dire un ordre? Quel ordre ?

La voix gronde comme une gigantesque explosion qui déchire la scène.

CRE-VER !

CHEF   Eh, il a dit sauter ou crever ? Je n'ai pas bien entendu. Où est-ce que tu es passé, Ori? Ne me laisse pas tout seul, tu es tombé dans le gouffre, poussé par la force du conseil? Alors, Ori, on peut savoir s'il a dit sauter ou crever ? Ori, qu'est-ce qu'on fait? On saute ou on crève ? Je viens te chercher, Ori, mon ami…

Le Chef descend lentement dans le gouffre, lequel se transforme lentement en un volcan infernal et se met en éruption. Rideau.

DEUXIEME ACTE

Ori donne un dernier coup de bêche. Il s'essuie la sueur du front avec un mouchoir de couleur dans lequel il se mouche avant de s'essuyer de nouveau le front.

Ensuite, il s'assoie calmement et sort de sa poche un paquet de cigarettes.

ORI   A chose faite, pas de remède.

Ori s'apprête à allumer une cigarette quand le Chef arrive. Il a l'air renfrogné.

CHEF   Ben, qu'est-ce qu'il se passe, ici?

ORI   Rien, Chef.

CHEF   Comment ça, rien?

ORI   Il ne se passe rien, Chef.

CHEF   Je le sais, Ori, je vois bien. Plutôt : Que vois-je? Effectivement tu ne fais rien, alias tranquillou bilou.

ORI   Alias?

CHEF   C'est une interjection syndicale, feignant.

ORI   Je suis contraire à l'alias, voilà tout. Quoi qu'il en soit.

CHEF   Et moi je suis contraire à la fumée.

ORI   Même en plein air?

CHEF   Qu'est-ce que je peux m'en foutre du plein air : pas pendant les heures de travail!

ORI   C'est seulement une petite pause cigarette, Chef.

CHEF   Pause-cigarette? Tu as déjà profité de la pause-café au lait, la pause-apéritif, la pause-déjeuner, la pause-café et la pause-double café. Tandis que la pause- cigarette n'est pas autorisée.

ORI   Et moi, je la prends quand même.

CHEF   Mais, en revanche, tu renonces à la pause-goûter, n'est-ce pas ?

ORI   D'accord, je la sauterai. De toute façon, il n'y a plus rien à faire.

CHEF   Qu'est-ce que tu dis, Ori ?

ORI   Que j'ai à peine fini de creuser la fosse : Regardez quel trou.

CHEF   Fini?

ORI   Fi-ni.

CHEF   Comme tu es candide, Ori.

ORI   Pourquoi, Chef ?

CHEF   Parce qu'un gouffre, on fini jamais de le creuser : plus on le creuse, et plus il se rapproche de ce qu'il doit être : immense.

ORI   Ben, moi je l'ai fini.

CHEF   Quand?

ORI   Il y a peu de temps.

CHEF   Tu ne pouvais pas me le dire ?

ORI   Je voulais le faire, juste après la pause-cigarette.

CHEF   Donc moi, je viens sur ta liste des priorités, après la pause-cigarette?

ORI   Même après la pause café, si c'est pour ça.

CHEF   Laissons tomber. Qu'est-ce que tu en dirais de descendre en bas pour jeter un coup d'œil?

ORI   Si vous insistez vraiment, je vous en prie.

CHEF   Passe devant, moi je te suis juste après.

ORI   Non, pas juste après. Je suis pas fou.

CHEF   Ori, arrête de me contredire. Tu sais bien que c'est pas à ton avantage. Descends dans le gouffre. C'est un ordre. Et quand moi, je te donne un ordre, toi, tu dois obéir, que tu le veuilles ou non. C'est-à-dire juste après. Tout de suite, séance tenante, en deux-deux, et sans perdre de temps. OK ?

ORI   Vous d'abord. Je vous en prie.

CHEF   Enfin, pourquoi moi en premier?

ORI   C'est vous qui avez la priorité. D'ailleurs, «Chef», ce n'est pas synonyme de « celui qui vient avant tous les autres »? Agissez en conséquence.

CHEF   Celui qui vient en premier, pas celui qui descend en premier dans le gouffre. Informe-toi! C'est mentionné ainsi dans mon règlement et dans ton contrat de travail : Ori descend toujours en premier.

ORI   Et il remonte inexorablement en dernier.

CHEF   C'est juste. Tu vois que tu en sais des choses? Maintenant apprends aussi ce que signifie être un Chef. Un épuisement, Ori, que je ne t'explique pas.

ORI   Je veux bien le croire. Moi, malheureusement, je sais seulement ce que signifie être Ori, bordel de merde!

CHEF   Pour de bon? Et qu'est-ce que signifie être Ori, alors? Allez, courage! Eclaire-moi. Surprends-moi, si tu en es capable, avec une remarque intelligente qui explique, à toi, qui tu es, et à moi, pourquoi tu travailles dans le gouffre.

ORI   Ori vient d'Oreste, Chef. Je parie que vous ne le saviez pas.

CHEF   Ca ne vient pas d'urine? Tu en es vraiment certain ?

ORI   Non, Chef. Ori vient d'Oreste et pas d'Orine. J'en suis vraiment certain.

CHEF   Bizarre. A l'odeur, on n'y croirait pas. Tu pues comme un chacal, Ori. Combien de temps es-tu resté enfermé dans les toilettes de l'entreprise pour faire tes affaires, hein?

ORI   Juste le temps de lire sur les mots-croisés, et je me suis mentalement efforcé de m'en souvenir au cas où on m'aurait interrogé par téléphone pour répondre à quelques questions d'un quiz télévisé que, Oreste, est le dernier des enfants d'Agamemnon et de Clitennesse.

CHEF   Incroyable! Voilà à quoi servent les WC publics : à cultiver le petit peuple comme toi qui rêve de résoudre ses propres drames quotidiens en participant à un jeu vulgaire. Tu me fais de la peine Ori, Oreste, ou Urine, comme tu veux.

ORI   Ori vient uniquement d'Oreste, Chef. Frère de Electre...

CHEF   Alors tu devrais faire l'électricien spécialisé, Ori, et pas le simple ouvrier. A un type comme toi, en fait, on ne sait pas quoi demander : lumière ? Eau ? Gaz ? Maçonnerie ? Jardinage ? Tu es seulement bon à creuser des fosses, Ori. Ca c'est la triste vérité de ta condition existentielle, inutile, pfff !

ORI   Excusez- moi, qu'est-ce que vous entendez par « condition existentielle »?

CHEF   Je parle de toi, crétin, De ta vie. Tu ne comprends pas ?

Ori : Qu'est-ce qu'elle a ma vie de si intrigant pour qu'on s'en mêle tout le temps ?

CHEF   Rien, justement. Mais, à ton propos, il y a une chose que je n'arrive pas à digérer, Ori.

ORI   Que je refuse de descendre en premier, Chef ?

CHEF   Aussi. Mais je voulais parler en particulier de ton manque de fondement professionnel.

ORI   Par exemple ?

CHEF   Le fait est que tu sais un peu de tout comme-ci, comme-ça et rien de vraiment concret. En fait, tu t'arranges comme tu peux que ce soit dans la vie ou au travail. Un désastre ! Une catastrophe ! Un vrai merdier !

ORI   Qui, moi ?

CHEF   Si, Ori, toi, toi. Tu apprends de manière confuse, ici et là, quelques notions dans l'espoir de pouvoir répondre à un quiz milliardaire ou de pouvoir résoudre quelques questions techniques sérieuses avec quelques bruyants, mais, simples, coup de marteaux. Ce qui, à la fin, porte préjudice sur ton rendement professionnel. Naturellement, quand tu utilises la pelle, il te faut la pioche. Si tu as la pioche, il te faut la bêche. Et si après quelqu'un à la triste idée de te mettre dans les mains rien qu'un misérable tourne-vises, pour quelques réparations à la va vite ou même urgentes, alors tu te montres inégalable uniquement avec une scie. Tu creuses des gouffres, mais malheureusement tu n'es toi-même qu'un gigantesque effondrement. Donc, console-toi, oublie Oreste- qui ne te va vraiment pas-, Ta sœur Urine…

ORI   Electre ! Elle fut transformée par Zeus en une comète après la chute de Troyes.

CHEF   Chute de Troyes ! De ta sœur je ne pouvais pas m'attendre à mieux, Ori.

ORI   Mais, Chef.

CHEF   Pas de mais ! Décide-toi à descendre en premier dans cette satanée fosse, que, d'ailleurs, tu as à peine fini de creuser avec un acharnement exorbitant. Désolé de te le rappeler !

ORI   Exorbitant ?

CHEF   Honte à toi, Ori. On ne se comporte pas comme ça. A la fin du compte, il en va de l'intérêt commun : Toi, à creuser et moi, qui te donne l'ordre de creuser. C'est pénible de devoir te prendre toujours sous le bras. Sauver ton cul, à cause de ta stupidité humaine et artisanale, pour ne pas finir moi-même le cul par terre ! Et quelle impression je fais moi avec la direction du gouffre quand tu me creuses une fosse comme ça, là où il fallait à peine effleurer le sol, pour y faire passer deux misérables conduits d'égouts ? Parce que d'ailleurs il s'agissait seulement d'égout, Ori, Oreste ou Urine, comme tu veux, pas d'un temple souterrain dédié à quelques-unes de tes divinités occultes du monde du travail.

ORI   Amen !

CHEF   Va, va en paix dans le gouffre, Ori. Pour l'instant je crois t'avoir catéchisé suffisamment qu'est-ce qu'il y a Ori, ça ne te suffit pas ? Pourquoi est-ce que tu me regardes avec air de point d'interrogation vivant ? Mon Dieu, tu as la caboche plus dure que le fond du gouffre.

ORI   Vous permettez, une question, Chef ?

CHEF   Si il y en a une seule, Ori.

ORI   Prérogative d'un Chef qui se respecte, jusqu'à preuve contraire est celle de donner le bonne exemple.

CHEF   Et avec ça, qu'est-ce que tu veux dire ?

ORI   Vous, vous êtes sûr d'être un Chef qui se respecte ?

CHEF   Bien sûr que je me respecte. Il manquerait juste que je ne me respecte pas.

ORI   Et alors donnez le bon exemple, comme le recommande le bon usage.

CHEF   Et comment ?

ORI   C'est simple : en descendant avant moi dans le gouffre.

CHEF   Ca d'après toi ce serait « donner le bon exemple » ?

ORI   Oh, oui.

CHEF   Pauvre Ori, comme tu es candide. Les choses, vois-tu, ne sont pas aussi simples que tu le crois. Parce que, très cher, ce n'est pas moi qui me tire en arrière. Je descendrais bien volontiers devant toi, si seulement pour te démontrer que je n'ai pas peur du noir. C'est plutôt l'idée de t'être indispensable, ma qualité de premier référant, qui me faire avancer à reculons. Tu comprends ? Je le fais uniquement pour ton bien, de ne pas passer en premier. Tu devrais me remercier. Mais malheureusement la gratitude n'a pas sa place dans ton cœur dur comme une pierre. Après toi Ori.

ORI   J'ai même pas peur, boss. Quand un Chef meurt, on le change. Allez-y, allez-y, je vous en prie, après vous…Ne vous en faites pas pour moi : Quoique qu'il en soit, je peux parfaitement me passer de Chef pour le moment. Du reste, le seul ordre que vous avez été en mesure de donner jusqu'à présent est devenu désormais, pour moi, plus que monotone : creuse, creuse, creuse, et creuse toujours. Vous ne vous êtes même pas aperçu qu'on touchait le fond !

CHEF   J'accepte ta provocation. Mais réfléchi. De la même façon que l'on peut changer un Chef comme moi, on peut encore mieux changer un faiseur de trou comme toi. Comme tu peux le constater, ton entêtement, nous a jeté dans un cul de sac. Content ?

ORI C'est-à-dire ?

CHEF C'est une situation pénible, dangereuse et sans issue, au bord du gouffre, Ori. Le terrain sous nos pieds pourrait s'écrouler d'un moment à l'autre. Et alors à qui on pourra s'en prendre ? Je ne sais pas toi, mais moi je devrais obligatoirement m'en prendre à toi.

ORI Et pourquoi donc ?

CHEF Parce que moi j'ai le devoir d'inspecter le gouffre, comme toi, tu as le devoir précis de me donner le feu vert. Que ça te plaise ou non.

ORI On fait à pile ou face pour voir qui descendra en premier ?

CHEF Même pas en rêve. Je n'entends pas m'en remettre aux bizarreries du sort pour prendre ma décision, Ori. Et encore moins au jeu du hasard. En plus, j'ajoute que si toi-même qui as creusé la fosse, Tu refuses de passer en premier ça veut dire que tu es le premier à douter de ton propre travail. Tu as travaillé en suivant mes directive, Ori ?

ORI Mais bien sûr.

CHEF Tu ne te serais pas inventé quelque chose de bizarre ?

ORI Moi, inventé quelque chose ? Et pour quoi faire ?

CHEF Bon, démontre-moi alors ta bonne foi en partant en reconnaissance.

ORI Non, non et puis non. J'ai peur du vide, Chef.

CHEF Ce n'est pas que tu aurais trop creusé, j'espère ? Au vide tu n'y es pas encore arrivé, n'est-ce pas ? Donc descends immédiatement dans le gouffre ! Je répète, c'est un ordre, pas un conseil amical qui aurait quelques intérêts à t'envoyer en vacances quelques temps pour se balader avec ta femme.

ORI Quel est le rapport avec ma femme, Chef !

CHEF Le rapport c'est que je ne suis pas en train de t'inviter à te comporter comme un Divinité grec, comme ton homonyme : ça serait trop te demander ! Et encore moins comme l'homme que tu n'es pas. Mais seulement comme un bon ouvrier qui rentre le soir chez sa femme, laquelle entre temps s'en est tapé un autre, et pour recevoir un baiser sur le front et les restes du déjeuner.

ORI Là il s'agit de déduction sans fondements : le soir, en fait, je ne mange pas les restes mais plutôt, c'est moi qui cuisine.

CHEF fais voir si t'as des couilles, Ori. Sinon t'es un homme mort ! Moi je te licencie et ta femme ne te sort même pas les restes. Et tu comprends bien à quels types de restes je pense.

ORI   Saleté de gouffre !

CHEF   Fais pas d'histoires, Ori. Depuis que le monde est monde, la hiérarchie donne des ordres. Les Chefs commandent et les simples ouvriers comme toi…

ORI   l'ont dans l'os.

CHEF   Voilà, tu vois ? Tu connais le refrain. Peut-être même que ça te plait, sait-on jamais. Qu'est-ce qu'elle en dit ta femme, hein ? Ben, qui se contente de peu… peut pas mieux! Ah ! Ah ! Ah !

Ori s'approche du gouffre et s'y retire horrifié.

ORI   Saleté de monde.

CHEF   Ne t'en prends pas au monde, Ori, qu'il ne t'a encore rien fait de si terrible que ça.

ORI   Encore rien, ben, belle consolation…Qui sait ce qu'il doit me faire encore, pour compléter l'œuvre de destruction d'un être humain. Il me persécute depuis des années, jamais un brin d'espoir. Un rayon de futur lumineux. Tu sais ce que s'est pour moi le demain ?

CHEF   Je peux l'imaginer. Un torrent de paiements mensualisés.

ORI   Ou une facture.

CHEF   c'est d'un banal !

ORI   La chose extraordinaire c'est de réussir à la payer avant la date limite. Misère à moi qui vit dans la misère.

CHEF   Ne grommelle pas. Après tout personne ne t'as encore détruit pour de bon. Le monde a décidé de te faire juste un petit peu goûter à sa propre méchanceté. Il est en train de te travailler au fleuret, lentement, les vrais coups ne te sont pas encore tombés sur le coin de la gueule !

ORI   Je ne suis pas en train de grommeler, Je suis seulement en train de pleurer le jour où je suis né.

CHEF   Tu pouvais y penser avant. Maintenant c'est trop tard.

ORI   Malheureusement je le sais bien. Je dois descendre dans le gouffre.

CHEF   Finalement, on se décide.

ORI   On, Chef ? Vous le mettez au pluriel ?

CHEF: Ne t'attache pas à ces subtilités linguistiques, Ori. Elles ne pourraient pas soutenir le lourd poids de ta grosse imbécilité. Sois plutôt attentif à bien attacher les cordes de l'échelle, j'insiste ! Je ne voudrais surtout pas que tu te fasses mal en descendant, Ori. Parce que dans ce cas, je ne pourrais certainement pas éviter de te faire prononcer le *mea culpa*. Va, Ori, Vas-y. Tu as la bénédiction de l'entreprise et toute ma compréhension humaine et professionnelle. Qu'est-ce que tu veux de plus ? Pourquoi tu restes planté comme le poteau de la sœur de ton homonyme, comment déjà, Oreste ?

ORI   Electre ?

CHEF   En fait, je voulais dire du poteau lumineux mais Electre me semble plus approprié. C'est bien, Ori, tu fais des progrès. Bouge-toi, en tout cas ne reste pas planté, bougre !

ORI   J'insiste à dire que ma seule et unique faute est d'être venu au monde.

CHEF   Putain, j'y suis venu aussi. Et comme moi, des milliers d'êtres humains qui s'y prennent à tord ou à raison à ceux qui les ont créés. Lesquels, et je parle de nos chers géniteurs, écoute bien, qui sont eux-mêmes, malheureusement pour eux et pour nous, venus piétiner cette mer de larmes définie, de manière euphémistique, « face de la Terre » ; laquelle n'est qu'un masque de carnaval derrière lequel un monstre tentaculaire cache ses propres aspects terrifiants.

ORI   Ne le laissez pas voltiger dans les brumes de l'infini. Courage, donnez les noms et prénoms de ce monstre.

CHEF   Oui, tu voudrais peut-être aussi son adresse et son numéro de téléphone !

ORI   La vie est déjà assez dégoutante par elle-même : ne me parlez pas aussi de la facture de téléphone, Chef ! Je vous en prie, elle est arrivée à échéance.

CHEF   Pour de bon ? La vie est dégoutante et le téléphone est cher ? Je te donne raison, Ori. Mais je voudrais ajouter : *cui prodest* ? C'est-à-dire, à quoi ça sert de se donner tant de mal ?

ORI   Ca sert, ça sert... Quand quelqu'un en a plein les cacahuètes, comme moi !

CHEF   Plein les cacahuètes, toi ? Ne me fais pas rire. Depuis quand ?

ORI   En général, Chef.

CHEF   Ah ! Tout de même, tu dois penser que tu ne dis rien de nouveau avec tes lamentations justifiées mais trop aléatoires. Pourquoi, comment dit-on ?, mal partagé, souffrance divisée. Fais-toi donc une raison de vivre, comme tout le monde, moi en pre...Laissons tomber !!! Aies l'âme en paix et ne me dérange plus avec ces bêtises qui passeront dès que tu auras bu une douce gorgée à la source de la vie.

ORI Ca semble simple ! Mais le tourment intérieur est trop fort pour l'apaiser avec un verre d'eau de cette fontaine ou avec un digestif au bar du coin.

CHEF Tu préfères peut-être un coup sur la tête ?

ORI Donnez-le-moi et le cadre de ma défaite sera totale.

CHEF Ne te laisse pas abattre. Moi, j'espère seulement que ces quelques mots ont un peu allégé ton moral plutôt découragé (et aussi décourageantes, crois-moi !) de façon à ce que tu puisses désormais descendre dans le gouffre, je ne dirais pas soulagé mais plutôt allégé.

ORI Petit à petit je commence à être fatigué de ses jeux de mots.

CHEF Jeux, tu as dis ? Et bien, si tu veux savoir, moi je commence à être fatigué de ta pauvre, que dis-je, totale absence d'esprit. Ce n'est pas très satisfaisant, tu sais ? Pour un Chef comme moi de commander une triste moue de cocu comme toi.

ORI Cocu et cogné, Chef. Là, vous avez vraiment raison !

CHEF Comme tu veux, Ori. Il n'y a pas de problème. Bonne fosse !

ORI Bonne fosse à vous aussi, Chef.

Musique. **RIDEAU.**

TROISIEME ACTE

L'intérieur d'un gouffre. Audio : bruits sinistres en sourdine. Du haut, Ori fait descendre une échelle de corde.

CHEF   On en est où, Ori ?

ORI   Je suis prêt à descendre.

CHEF   Et alors descends, non, qu'est-ce que tu attends ? On va pas y passer la journée.

ORI   Je suis assuré, Chef ?

CHEF   Ne me casse pas les couilles, Ori. Descends. Je comprends ton besoin de sécurité et d'amortisseurs sociaux. Mais là, tu me les casses !

ORI   Mais si je me brise les os, je reste cassé à vie !

CHEF   T'as mis le casque, sur le citron? Oui ? Et alors tout est dans les normes. Quoi qu'il puisse se passer, ça ne pourra pas être statistiquement considéré comme un énième cas d'homicide blanc, mais plutôt comme un banal accident de travail, dont la rubrique des faits divers est saturée. Ne te laisse pas impressionner, Ori, par tout ce qu'il se passe sur les autres chantiers : ici, c'est moi qui commande.

ORI   C'est justement ça qui m'inquiète, Chef.

CHEF   Si je te dis qu'il ne va rien t'arriver, il ne devrait, théoriquement, rien t'arriver, sois tranquille.

ORI   Allez le raconter à mes créanciers. Si eux ils ont confiance !

CHEF   Comme tu exagères !

ORI   C'est pas moi, c'est l'échelle qui exagère…

CHEF   Elle est exagérément grande parce que tu as trop creusé auparavant.

ORI   J'ai aussi trop de créanciers, Chef. Ca serait presque mieux que je me cache pour toujours là-dessous.

CHEF   Ne dis pas de bêtises. Les créanciers viendraient me demander de tes nouvelles.

ORI   Et vous, vous leurs en donnerez ? Vous me trahiriez ? Répondez : ne me laissez pas dans le suspens.

CHEF   C'est moi qui t'ai assumé, donc, tu as un dû de reconnaissance envers moi.

ORI   Qu'est-ce que ça veut dire ?

CHEF Ca veux dire que moi aussi je suis un de tes créanciers, mon cher. Et où est-ce que tu cours ?

ORI En tout cas je ne vous dois pas d'argent.

CHEF C'était une hyperbole, Ori.

ORI Il vaut mieux ne pas vous demander qu'est-ce que c'est une hyperbole : J'ai un très mauvais pressentiment à ce propos.

Ori commence la descente.

CHEF Tiens pour toi tes doutes linguistiques. Plutôt… Quand tu arriveras au donc, fais-moi signe.

ORI Au donc ?

CHEF C'est une façon de parler, imbécile. Tu ne connais pas les façons de parler ? On ne te les a pas apprises à l'école ?

ORI Ben, pas toutes.

CHEF C'est déjà beaucoup si tu comprends ma langue.

ORI Ce n'est pas une question de langue, Chef, mais plutôt de langage. On n'est pas sur la même longueur d'ondes, C'est pourquoi on a du mal à se comprendre. On utilise en fait des codes d'expressions distincts bien que similaires. Moi je parle en tant que Ori, et vous, en tant que Chef.

CHEF Ori, ça ce n'est pas de ton cru. Tu l'auras certainement entendu lors de quelques réunions syndicales. Mais il faut que tu comprennes qu'il s'agit uniquement de phrases toutes faites, dites « à effets », desquelles tu ne comprends pas correctement la signification, et qui t'ont été montées dans le but de porter à confusion encore plus tes idées déjà mesquines.

ORI Vraiment j'ai été confus plus par votre stupide « donc ».

CHEF Stupide ? Celle-là je la note. *(Il écrit sur un bloc-notes)* En tout cas pour ta compréhension, j'entendais ceci : Une fois arrivé au fond, c'est-à-dire au donc, au somum de ta descente, siffle-moi. Tu as compris maintenant ? Un simple et vrai coup de sifflet. Siffle ! Fond et siffle ! C'est clair ?

ORI A la paysanne ?

CHEF Un sifflet, n'importe lequel, chien de vie !

ORI Sifflet…chien. Compris.

CHEF Tu n'as jamais compris un tube, Ori. C'est à moi que tu dois siffler pas au chien. Et encore moins au tube A moi, compris ?

ORI Compris.

CHEF il était temps. *(En aparté)* Des fois pour le faire bouger du cerveau il en faut un wagon. Comme il me fait enrager quand il se comporte comme ça ! Pire qu'un mulet !

Ori arrive au fond. Il regarde autour de lui, apeuré.

ORI *(en aparté)* Je l'avais bien dit que si on essaie de faire confiance au Chef, on se le prend là où je pense.

CHEF Alors ?

Ori essaie de siffler, mais il n'y arrive pas. Alors il commence à siffler faiblement. Après quelques instants, le Chef, fatigué d'attendre, proteste.

CHEF Alors Ori, tu y es arrivé à ce fond, oui ou non ?

ORI Oui, Chef, j'y suis arrivé.

CHEF Et pourquoi tu ne siffles pas comme prévu ?

ORI Je n'arrive pas à siffler à la paysanne parce que j'ai les lèvres qui tremblent de peur. C'est pour ça que voulant me tenir scrupuleusement à vos ordres, je me suis mis à siffler comme…comme un rouge-gorge. Pardonnez l'expression poétique.

CHEF Les rouges-gorges sifflotent, ils ne sifflent pas, gros romantique !

ORI Quelle est la différence ?

CHEF Entre siffler à la paysanne et siffloter comme un rouge-gorge, il y a une belle différence, Ori. Tu prétends que d'ici on entende un si léger écho ? tu sais pourquoi on les appelle les rouges-gorges ? parce que quand ils émettent leur signal sexuel ils rougissent de honte. Et toi ? tu n'as pas honte de les imiter de manière aussi délibérée ? Regarde que je te la fais passer tout de suite l'envie de te foutre de moi…

ORI Mais moi je ne voulais pas émettre un signal sexuel, je voulais juste vous appeler.

CHEF Il manquerait plus que ça : que tu attires mon attention avec un vulgaire signal sexuel, peut-être dans l'espoir que je morde à l'hameçon et que je me mette à mon tour à siffloter pour toi. Ne te mets pas d'étranges idées dans la tête, Ok !

ORI Bougres de Chefs et bougres tous ceux qui les ont casé !

CHEF J'ai parfaitement entendu, maintenant je te dresse un rapport. Tu as dis que tous les Chefs sont « à écraser ».

ORI J'ai dis « casé », Chef, et pas « écraser ». Vous aussi, d'ailleurs, vous avez été engagé par quelqu'un… C'est à lui que j'en veux, avec celui qui vous a casé au dessus de moi, sûrement pas contre mon supérieur direct.

CHEF Tu vois comme tu es stupide ? Moi, je suis au-dessus de toi, pas parce que quelqu'un m'y a mis, mais parce que toi tu es descendu en-dessous.

ORI Dans le gouffre ?

CHEF Exact.

ORI Ben, je ne suis pas descendu pour mon plaisir personnel.

CHEF Je t'ai peut-être poussé là-dedans ? Non, Ori, moi je t'ai simplement convaincu en opérant avec toute mon intelligence qui supporte ma très haute autorité. Ma supériorité.

ORI Justement, Je me référait à votre fonction, Chef. Pas à votre actuelle position prédominante.

CHEF Ce qui en tout cas ne te dispense pas du fait que quand tu dois m'appeler, du moment que tu ne sais même pas siffler, tu pourrais utiliser tes cordes vocales.

ORI C'est vous qui m'aviez dit de siffler, Chef.

CHEF Mais si moi je te dis de te jeter dans le gouffre, toi qu'est-ce que tu fais, tu t'y jettes pour de bon ?

ORI Chef, maintenant je remonte et je vous prends à coups de poings !

CHEF Non, Ori, maintenant que tu es là-dessous ce n'est pas la peine de remonter. Tu ne dois rien me prouver. Evite des actes de force, comme celui de sortir du gouffre sans autorisation, chose que tu pourrais regretter amèrement. Eventuellement je descends moi pour m'abaisser à ton niveau.

ORI Dépêchez-vous de descendre alors, c'est presque l'heure de la pause-déjeuner.

CHEF Tu penses seulement à manger, Ori ?

ORI Quand c'est l'heure, oui.

CHEF Tiens- moi l'échelle, Ori. C'est un ordre péremptoire.

Le Chef commence la descente.

ORI D'accord. Mais à moi, personne ne me l'a tenu quand je suis descendu. Je me suis senti tellement en l'air que je doutais même de ma propre conscience de classe. Parce qu'un ouvrier sans conscience de [2]classe est comme un acrobate suspendu au vide.

CHEF Faisons comme ça : quand on remonte, c'est moi qui remonte en premier. Comme ça, on est à égalité. Et le règlement est respecté. Satisfaite ta conscience de classe ?

ORI Beau règlement : ça a surement été écrit par un Chef comme vous.

CHEF Et qu'est-ce que tu veux dire avec ça ? Que ce n'est pas suffisamment impartial ?

ORI Je veux dire que, Tourne-tourne c'est toujours les mêmes qui l'ont dans le cul.

CHEF Ne te plains pas, Ori. Ne taquine pas le gouffre avec tes pleurnichements pseudo-idéologiques. Et pour la conscience des classes, c'est une fable à laquelle plus personne ne croit. Même pas toi. Les ouvriers comme toi se sont embourgeoisés, ils se sont installés dans le gouffre avec tout leur barda et affirment même s'y trouver bien.

ORI Je suis content pour eux !

CHEF Toi, tu ne t'y trouves pas bien dans le gouffre, Ori ?

ORI Je ne sais pas, il faut d'abord que j'essaie.

CHEF On est là pour ça : pour visiter, inspecter, essayer, et approuver le gouffre. Aucune objection ?

ORI Non. Pas encore.

CHEF C'est mieux comme ça.

ORI Mais…

CHEF Ah Ah ! Je ne te permets pas, OK ?!

ORI J'ai rien dis, Chef.

Le Chef rejoint Ori au fond du gouffre.

CHEF Ca, donc, ça serait le fond du gouffre.

ORI Donc.

CHEF Donc, quoi ? Tu es fou ?

ORI Vous, vous avez le droit de dire « donc » et moi non ?

CHEF Quoi donc, donc ! Rejoins-moi plutôt, espèce d'imbécile !

ORI Pardon ?

CHEF Je t'ai envoyé en reconnaissance oui ou non ?

ORI SI c'est vous qui le dites.

CHEF Et toi qu'est-ce que tu as trouvé en reconnaissance, espèce d'idiot ?

ORI Que ce n'était pas une bonne idée, Chef, de descendre dans le gouffre.

CHEF On n'avait pas d'autres choix. Et puis là-dessous on n'est pas si mal. Tu ne trouves pas ?

ORI Bof, on ne voit rien…

CHEF Dommage, j'aurai bien aimé voir comment c'était fait un gouffre, de l'intérieur.

ORI Je peux remonter ?

CHEF Pourquoi si vite ? Tu as peut-être quelque chose à cacher ?

ORI Qui ? Moi ?

CHEF Tu crains que je m'aperçoive tu as suivi maladroitement, vite fais mal fais, le creusage du gouffre ?

ORI Le trou, il y est, devant vos yeux. En long et en large.

CHEF Mais tu l'as admis par toi-même qu'on ne voyait rien !

ORI justement, on n'arrive pas à en voir la fin. Qu'est-ce que vous voulez de plus !?

CHEF c'est vite dit d'appeler ça trou. Mais il y a trou et trou, par exemple[2]. Ori ?

Des bruits sinistres sortent des entrailles du gouffre.

ORI Oui, Chef ?

CHEF Qu'est-ce que c'est ces bruits ? A quoi font-ils allusions ?

ORI Je ne sais pas, Chef. Peut-être une régurgitation.

CHEF Une régurgitation ? De-du gou-gouffre ?

ORI La trouille ?

CHEF Non. Simples précautions.

ORI Ben, maintenant je comprends pourquoi je ne voulais pas descendre en premier.

CHEF Et pourquoi tu m'as fait descendre en deuxième ?

ORI   Parce que, vous, vous êtes le Chef, et vous devez aussi vous convaincre, ou plutôt vous rendre compte, de ce qui se passe à l'intérieur du gouffre.

CHEF   Le gouffre, Ori, c'est mon affaire pour ce qui concerne l'ordre des travaux, les tours et les roulements du personnel. Mais l'intérieur du gouffre à proprement parler c'est plus ton affaire, et ça retombe donc- ici, il faut un donc- sous ta directe responsabilité. Si le gouffre devait en fait- conjurons le mauvais sort - s'écrouler à l'improviste, qui est-ce que tu crois qui en paiera les conséquences ? Moi qui t'ai fait confiance ou toi qui a joui de ma totale confiance ?

ORI   Bof !

CHEF   Troglodyte cavernicole : tu es vraiment fait copie conforme à ce foutu gouffre, mieux, tu sais ce que je te dis ? Vous êtes fait l'un pour l'autre !

Une flamme sort des viscères du gouffre.

ORI   Je peux vous poser une question, Chef ?

CHEF   Vraiment, dans un moment aussi crucial de mon existence, je devrais accepter uniquement des réponses, mais si tu ne peux pas faire autrement...vas-y.

ORI   Vous pensez que ça a été une bonne idée, Chef ?

CHEF   Laquelle, Ori ? Je déteste répondre à une question par une autre question : ça veut dire que soit tu t'es mal exprimé, soit que j'ai mal compris. Qu'est-ce que tu voulais dire ?

ORI   Je demandais si vous pensiez que ça a été une bonne idée de descendre dans le gouffre ?

CHEF   Si tu ne le sais pas toi qui l'as creusé avec tes propres mains ! Tu devrais la connaître comme ta poche.

ORI   J'ai seulement contribué au travail. Tout seul, je n'y serais pas arrivé. Mes connaissances en matière de fosses se limitent à la phase de déblaiement pur et dur. Mais un gouffre comme ça ne se construit pas par hasard : Il doit y avoir à la base un projet précis, un sens, une idée qui à moi ne peut que fuir dans sa complexité. Moi je n'ai fait que suivre à la lettre vos directives. Vous me disiez de creuser et moi j'ai creusé. Comme un obsédé.

CHEF   Ben, au moins maintenant tu peux te rendre compte d'avoir un peu exagéré.

ORI   Un peu ?

CHEF   Eh, si ! Tu as suivi l'ordre minutieusement, ça c'est vrai, et pour cela tu mérites mes éloges. Toutefois…

ORI   Toutefois ?

CHEF   Tu as fini avant l'heure, Ori, et me mettant dans un sale pétrin. Merde.

ORI   Désolé.

CHEF   Qu'est-ce qu'elle en fait la direction de la fosse d'une fosse terminée à l'avance ?

ORI   Quel était le terme prévu pour la dernière action ?

CHEF   Ma foi, il ne me l'on jamais dit.

ORI   Comment ça ? Vous êtes le Chef, et ils ne vous ont jamais communiqué officiellement quand devait être effectuée la livraison du gouffre.

CHEF   Moi je ne suis pas le Chef absolu, Ori, je suis seulement ton Chef. Un petit Chef, une petite tête !

ORI   Mais moi, ma tête je l'ai déjà, sur mes épaules.

CHEF   Ca, ça s'appelle la caboche est elle est même dure comme un roc.

ORI   C'est vrai, moi pour dire ce que j'ai à dire je n'y vais pas par quatre chemins.

CHEF   Moi, si. C'est mon devoir. Par exemple : dites à Ori de creuser. Dites-lui d'arrêter.

ORI   De m'arrêter totalement, personne ne me l'a jamais dit. On aura oublié. Et moi je continue, imperturbable, jour et nuit, à creuser délaissant même mes devoirs conjugaux.

CHEF   C'est ta faute, Ori, si le gouffre c'est transformé en un monstre et si t'a femme t'a trahie.

ORI   Ce n'est pas une nouveauté, Chef.

CHEF   Effectivement, tu as exagéré. Même l'excessif don au travail peut-être contre-productif, comme faire l'amour vingt-quatre heures sur vingt-quatre, sept jours sur sept.

ORI   Je pensais bien faire. Je pensais entrer dans son estime…

CHEF   Et tu y es arrivé, Ori, c'est tout comme. C'était un tel plaisir, de te voir creuser, un spectacle pyrotechnique…que je me suis dit : celui-là il a la pelle dans le sang. Mais je n'ai pas eu la présence d'esprit de t'avertir qu'il fallait s'arrêter de creuser.

ORI   Et moi, je me suis ruiné jusqu'au sang, pour rien.

CHEF   Ecorchures superficielles. Regarde plutôt ce que t'as foutu au gouffre. C'est une véritable balafre en plus sur notre pauvre écorce terrestre qui a déjà trop subi les souffrances de la société de consommation. Quant à toi, incivile, ça ne te suffisait pas une simple fosse *sui generis* ?

ORI   Si vous saviez le travail pour la creuser vous ne liquideriez pas comme ça en deux mots un gouffre du genre ! *Sui generis* ? En revanche, regardez comme elle est profonde.

CHEF   Je te l'ai déjà dit, Ori. Tu pouvais rester un peu plus tranquille, oui, en fait, calmos. Te fumer de temps en temps une bonne cigarette, demander un permis pour accompagner ta consort chez le vétérinaire. Alors, les travaux de creusage se seraient prolongés, moi, j'aurai continué à faire le Chef, et toi tu aurais continué à gratouiller sous mes ordres. Où était le problème, hein ?

ORI   Gratouiller ?

CHEF   Bon, il n'y avait aucune urgence, Ori. Le problème, c'est que quand on te met une pelle dans les mains toi, tu ne regardes plus rien. Tu ne penses qu'à creuser. Et creuse, creuse, tu es arrivé au fond sans réfléchir aux conséquences catastrophiques d'un attachement au devoir, aussi profond et semblable qu'il soit, qu'il en devient contre-productif.

ORI   J'ai envie de pleurer, Chef.

CHEF   Que ça te serve de leçon au cas où il faudrait creuser une autre fosse.

ORI   Un autre gouffre ? Non, Chef, moi aujourd'hui j'ai déjà donné. Stop, fermé pour congés.

CHEF   Donc, la prochaine fois que je te dirais de creuser, tu le prendras plus mollo, si, en fait, plus à la légère, tu ne te ruineras les mains pas jusqu'au sang et surtout tu ne toucheras pas le fond avant l'heure. Encore mieux, écoute, il faut tenter de ne pas arriver au fond, dans le but de garder l'ouvrage éternellement en cours de travaux, le chantier ouvert, le *work in progress*, pour le dire à l'américaine. Afin que je puisse continuer à te demander de creuser et que tu puisses continuer infatigablement et gentiment à creuser.

ORI   Infatigablement, Chef ?

CHEF   ne te fâche pas, OK !

ORI   pourquoi se fâcher, de si peu, imaginons donc ! Infatigablement, c'est le minimum..

CHEF   Ca me fait plaisir que tu reconnaisses par toi-même tes propres erreurs. Reconnais tes torts.

ORI   L'erreur ça a été de ne pas avoir creusé une voie de secours, du gouffre.

CHEF   Pauvre Ori, ne cherche pas d'échappatoire là où il n'y en a pas. Il ne peut pas y en avoir, parce que s'il y en avait, ça ne serait plus une fosse, mais un lunapark. A propos, tu n'es jamais entré dans le tunnel de l'horreur ?

ORI   Avec ma femme. J'y ai passé ma lune de miel, Chef.

CHEF   Sincèrement, je comprends ta condition existentielle d'ouvrier au bord de l'abîme, c'est-à-dire du gouffre du chômage menaçant, avec toutes les conséquences familiales qui s'y rattachent : perte d'estime de soi, trouble d'identité personnelle, sentiment de vide intérieur, isolement humain et social, carences d'activités sexuelles et, conséquente crainte de perdre ses propres fonctions reproductives.

ORI   C'est-à-dire ?

CHEF   C'est-à-dire que ta femme menacerait de ne plus te la donner si tu perdais ta place dans le gouffre. Toutefois, tu dois apprendre à faire bonne mine à mauvais jeu. En fait, tient bien détaché les carrières de mari et de père, de ton sort d'ouvrier maladroit. Ne mélange pas la vie privée et la vie professionnelle, le sacré et le profane, érige un mur, Ori !

ORI   C'est pas si simple de laissez tomber ses propres défauts d'humain. On est toujours touché et conditionné psychologiquement par ce qui nous circonde et de la femme qui hurle à chaque nouvelle facture.

CHEF   Si c'est pour ça, le gouffre aussi te circonde. Mais j'ai pas vraiment l'impression que du veuilles la prendre vraiment au sérieux.

ORI   Elle ne me touche pas dans le bon sens, Chef. Je voudrais tellement pouvoir la remplir ! Je travaillerai gratuitement jour et nuit si vous me donniez, je ne veux pas dire un ordre mais seulement une petite autorisation dans ce sens-là. Le fait même qu'elle existe, je sais bien que je dis quelque chose de grave, mais c'est la vérité, c'est une offense à mon intelligence.

CHEF   Excuse-moi, Ori, de quoi tu parles ?

ORI   De moi. Laissez tomber, Chef. Vous ne pouvez pas comprendre

CHEF *(en chuchotant)* : je ne peux pas comprendre, malheureux ?! Crois-tu que moi je ne vois pas ce qu'il y a dans le gouffre, c'est-à-dire qu'il n'y a rien ? Tu penses que l'idée même du gouffre satisfait mes ambitions humaines et mes aspirations professionnelles ? Mais bien sûr ! Un jeune type se creuse les méninges pour étudier, il se diplôme avec mention, il fonde un foyer, devient chef de famille, inscrits ses enfants à leur tour à l'école et à des activités sportives, en assurant le goûter et l'argent de poche, dans l'unique but de creuser un malheureux trou dans une terre où il n'y a rien ? Belles prospectives ! Et non, mon cher, les choses ne marchent pas comme ça. Le gouffre sous tes pieds, il s'ouvre petit à petit : toi, au début tu ne vois que le ciel illuminé, avec peut-être de temps à autres, quelques nuages qui viennent obscurcir le ciel bleu, mais rien de grave n'est-ce pas ? Les nuages, de toute façon, disparaissent progressivement et les étoiles se remettent à briller et toi tu te sens de nouveau, encore plus fortement attiré par ces belles. Idéaux, espoirs, rêves. Illusions ! Oui, illusions stupides et vides. Parce que, à l'improviste tu retombes sur terre. Où est-ce que tu te trouves ? Voilà, tu en as l'exemple, dans un gouffre où, du trou, tu réussis à peine à entrevoir une minime partie de ce ciel que tu admirais dans ta jeunesse. Prends-moi, par exemple. J'ai étudié l'ingénierie spatiale, je voulais envoyer des fusées sur les planètes les plus loin, en revanche, regarde un peu où j'ai dû descendre. Dans ta sale fosse.

ORI C'est une confession, Chef ?

CHEF J'espère seulement que tu ne l'aies pas enregistré. Motus et bouche cousue, Ori. Ce n'était pas une prise de position officielle, mais plutôt d'un défoulement personnel qui doit absolument rester *inter nos*, entre nous.

ORI De toute façon, je pense la même chose.

CHEF Alors tu comprends pourquoi je ne peux ni te donner l'ordre, ni même une petite autorisation, de reboucher la fosse ? Elle est maintenant un fait existant, indiscutable et incontestable. Moi, je t'ai demandé de la creuser. Toi, tu l'as creusée. Et maintenant, elle existe. Tout ce qui existe a son créateur.

ORI Et le créateur c'est vous ?

CHEF Et toi, l'ouvrier.

ORI C'est-à-dire celui qui le prend toujours là où je pense.

CHEF Tu te plains ? Tu n'es pas content ? Malheureusement pour toi et peut-être aussi un peu pour moi, je ne vois pas d'autre solution. La réalité ne change pas suivant nos désirs et nos états d'âmes personnels. Il en faut plus, Ori, beaucoup plus pour remplir ce foutu gouffre existant par la seule faute de ta saleté de pelle : Il faudrait…

ORI Un ordre contraire, Chef. C'est tout.

CHEF C'est-à-dire ?

ORI   Comme avant vous donniez l'ordre de creuser, maintenant, vous devriez simplement donner l'ordre de remplir. Remplie, c'est tout, au lieu de creuse.

CHEF   Et qui me donne l'autorisation, imbécile, de te donner cet ordre. Un ordre à donner, on ne peut pas l'inventer comme ça. Je dois suivre un processus défini. Avancer par grade, de personne à personne et rejoindre l'oreille juste.

ORI   Dites seulement remplie et on arrête là.

CHEF   Je ne peux pas. J'ai peur. Et même si je pouvais et que je n'avais pas peur, je ne le ferai pas. Pourquoi ? Parce que au lieu du gouffre pourrait apparaître quelque chose d'encore plus monstrueux.

ORI   Pire que la fosse ?

CHEF   Qui peut nous assurer dans ce sens? Il y a toujours pire, Ori. Et puis, une fois que tu l'as remplie, qu'est-ce qu'on fait ? On rentre chez nous sans travail et sans paye ?

ORI   Vous voulais rire ! Après, si vous voulez, je vous en creuse une autre plus petite, à la pièce.

CHEF   Pourquoi la remplir si tu l'as creusée ? Et pourquoi la recreuser si tu viens de la remplir ? Je ne comprends pas le sens d'un tel travail insensé.

ORI   Mais non, faites-moi confiance ! On fait plein de petits trous, Chef. Et si quelqu'un, par hasard, devait venir nous demander : « vous creusez ? » Vous vous pourriez répondre sans aucun problèmes avec la conscience tranquille : « oui, on creuse ! Et comment qu'on creuse ! ».

CHEF   Et si, en revanche, on vient me demander « qu'est-ce que vous creusez ? », Qu'est-ce que je réponds, hein ? Que la fosse précédente a été mal creusée et que nous nous bougeons pour en creuser une autre ? Non, Ori, réfléchissons bien avant de courir des risques irréversibles qui pourraient mettre en discussion des résultats réalisés durant une longue et honnête carrière. La fosse, du moins pour le moment, reste telle quelle. Après, si et quand viendra l'heure, on avisera. Peut-être une piscine, qui sait. A propos de piscine, enlève toi du milieu, j'ai envie de pisser. Les associations d'idées me jouent toujours de mauvais tours.

ORI   Mais, Chef – Si on ne prend pas tout de suite une décision historique, c'est-à-dire de remplir, on s'en sortira jamais. Elle s'agrandira toujours plus. Elle nous fera sombrer dans ses méandres, dans sa vacuité cachée jusqu'à présent par un fond qui semble solide mais qui très vite se révélera vaseux, en somme insuffisant pour porter le lourd poids de nos consciences.

Le Chef a fini d'uriner. Il se reboutonne le pantalon tandis que Ori essaie de nettoyer ses chaussures sales.

CHEF   Ah ! La conscience ! Tu l'as mauvaise ? Alors c'est pour ça que le gouffre te fait si peur ! D'accord, celle-ci bat tous les précédents gouffres, par stupidité et par manque de valeurs. C'est devenu une horrible fosse dont il est impossible d'extraire le sens profond. Mais c'est le destin, Ori, que ça se passe pour toi. Parce que toi, la fosse tu l'as dans le sang, ou plutôt dans la tête. C'est pour ça que tu la déteste autant : parce que tu l'as en toi depuis ta naissance. Tu as même des trous à l'estomac, Ori, prend-en conscience.

ORI   En effet, elle me rappelle la fosse d'où je suis né. Ca expliquerai alors ma haine, l'horreur : celle-là m'a forcé à venir au monde, elle m'a donnée cette vie de merde, elle m'a jeté dans un monde où j'ai trouvé seulement une fosse plus profonde, répugnante et hostile de celui d'où je suis sorti malgré moi.

CHEF   Pour de bon ? Il touche à ce point ton imaginaire, ce gouffre ? Il déchaine tes angoisses les plus profondes ? Il excite le plus sournois stade onirique qui te plonge dans l'onanisme total et cérébral ?

ORI   Pardon ?

CHEF   Je m'explique. Le gouffre, en ce sens, représenterai dans ton inconscient infantile, le grand trou vaginal qui t'a fait naître et duquel tu voudrais, désir mal dissimulé, être englouti de nouveau. Ouvre-toi, Ori, ouvre-moi ton cœur : c'est bien ça ? Sois sincère. De toute façon, ici-bas personne ne nous entend, parle à voix basse comme dans un confessionnal.

ORI   Je voulais juste dire que cette fosse pouvait être mieux que ce qu'elle est devenue. C'est pour cela qu'il faut la reboucher et la refaire totalement, Chef !

CHEF   La refaire ? Et pourquoi tu voudrais la refaire ?

ORI   Parce que je n'ai pas de bons fondements.

CHEF   Qu'est-ce que tu en sais toi des fondements ?

ORI   Je marche à l'aveuglette, Chef. Mais je tombe toujours juste.

CHEF   Tu voudrais insinuer que la fosse n'est pas bien fondée ?

ORI   Oui.

CHEF   En tout cas, il me semble bien que c'est toi qui l'aies creusée.

ORI   Creusée, oui, mais pas fondée.

CHEF   Quelle est ta fonction opérative ? Réponds, malheureux.

ORI   Creuser.

CHEF   Et tu as creusé ?

ORI   Putain, si j'ai creusé.

CHEF   Maintenant voyons si et comment tu as creusé, vu que tu te plains du creusage que tu as toi-même effectué. Commençons par prendre les mesures du gouffre… Dans le fond, on est descendu ici pour inspecter, contrôler, mesurer et référer.

ORI   A qui ?

CHEF   A qui de droit.

ORI   Et comment vous faites pour référer au supérieur si on ne vous fait pas remonter d'abord ?

CHEF   Félicitations très cher, bonne question

ORI   Et la réponse ?

CHEF   Andouille ! Ne pose pas de problème sur ce qui ne te regarde pas directement ou personnellement. Imaginons donc, donner des fondements à une fosse qui, par définition, ne peut en être que vide ! Menaçante, fascinante, dangereuse, et toujours prête à engloutir toutes et tous. Autrement ça ne s'appellerait pas un gouffre, mais une chambre d'hôtel, un restaurant, une boîte de nuit ou encore une pizzeria. En somme, ça serait un lieu de détente et non de mort et de souffrance comme elle semble l'être en réalité. Donner un sens au gouffre c'est comme donner un sens à tes pets, Ori, qui ne sont que de l'air comme tes petits discours d'ouvrier sédicieux à qui rien ne va jamais bien : la pelle est trop petite, la brouette trop lourde, les briques pas assez rectangulaires, le bois trop humide, et le gouffre toujours trop profond. Arrête-toi là, Ori, ne bouge plus.

ORI   Vous avez vu un serpent ? Oh mon Dieu, je finirai comme le pauvre Oreste qui mourut de la morsure d'une sale bête vélineuse.

CHEF   Ferme-là avec cet Oreste, Ori. Il n'y a aucun serpent. Tu me sers juste de point de référence pour prendre des mesures.

ORI   Moi, je dois vous servir de point de référence ? Quel honneur !

CHEF   Ca va te sembler bizarre, mais c'est comme ça. Il y a toujours une première fois dans la vie. Mais ne rêve pas : ça sera aussi la dernière fois que tu seras ma référence.

ORI   Qu'est-ce que je dois faire ?

CHEF   Tu ne sais même pas comment me servir de point de référence, imbécile ? Tu dois juste ne pas bouger. Au garde à vous ! Tu n'as jamais joué à la sorcière électrique quand tu étais petit ? Et bien, tu dois faire la sorcière.

ORI   Moi ?

CHEF   Oui, toi. Un, deux, trois !

Le Chef compte les pas. Après un temps, il s'arrête exténué.

ORI   Satisfait ?

CHEF   Mon Dieu, c'est vraiment immense, gigantesque, catastrophique. Je suis trempé comme une éponge. Combien de pas j'ai compté ? Mille ? Deux milles ? Et je ne suis même pas arrivé à la moitié ! Mais à quoi est-ce que ça sert ?

ORI   Maintenant c'est justement vous qui venez me le demander, à moi? Ca fait une vie que je vous demande des explications sur la nature et le sens du gouffre.

CHEF   Toi, tu as plus d'expérience que moi sur le terrain, voilà pourquoi je te demande des explications sur le propos, ne serait-ce qu'un semblant d'opinion ou une appréciation personnelle sur laquelle s'appuyer, bien entendu !, seulement partiellement, pour autant... ça sert pas à grand-chose de s'appuyer sur tes tristes convictions.

ORI   Mais, moi...

CHEF   Moi je t'ai juste donné l'ordre, d'en haut, de la creuser. Mais c'est toi qui as mis matériellement les mains. Je comprends ta légitime objection : je viens juste de te reprocher d'avoir averti l'urgence, le besoin de donner un sens, un fondement au gouffre. Et maintenant, à contre-pied, tout à coup, à moi aussi ça m'échappe de ne pouvoir m'agripper à quelque explication logique, de connaître quelques détails, même minimes, sur le projet final. Ben, la vérité c'est que je ne suis pas fou, Ori. Plutôt, je ne voulais pas que tu le cherches aussi ouvertement, effrontément, exagérément ce foutu sens, pour ne pas te faire faire à toi, et indirectement à moi, mauvaise impression, Ori. Comment ? – Ils pourraient nous demander d'en haut- vous avez creusé autant et vous avez donné autant d'ordres de creusages sans bien même connaître le but, le motif, le sens du creusage ? Alors vous avez tous perdu la tête pour creuser dans de telles conditions ? Tu comprends ?

ORI   Moi, j'ai une raison valable pour mes efforts : c'est le salaire, Chef. Mais vous, de votre côté, vous savez pourquoi vous m'avez donné l'ordre de creuser : juste pour le salaire ? ou bien il y a autre chose ?

CHEF Et qu'est-ce que j'en sais moi ? Tu crois que je peux savoir pourquoi et comment m'arrivent les ordres que je dois te donner ? Personne ne me dit rien, Ori. Le mot d'ordre est : creuser !, et moi je t'ordonne justement de creuser. Ce qui pour toi est un ordre abstrait, l'est aussi pour moi. Seulement que toi, en le mettant en pratique, tu peux te rendre compte du pourquoi, du motif, du but, du sens et de la raison pour laquelle on te donne l'ordre de creuser. Pour toi, en fait c'est simple !, de t'en faire une raison. Tu creuses un trou noir et, petit à petit, en procédant et en perforant, tu comprends le pourquoi et le comment. Pour le moins qu'on puisse dire, le gouffre, le trou, l'ouverture, ou comme tu voudras, est un produit non aliéné, fruit de ton travail et en plus il te nourrit difficilement. Mais pour moi c'est différent, parce que le gouffre ne m'appartient pas : Je ne possède pas la terre où on le creuse, je ne possède pas l'espace vide qu'il a provoqué et je ne peux même pas dire m'être réalisé spirituellement comme toi, en le construisant. Il me laisse indifférent, il me résulte anonyme, étranger. Ce n'est rien qu'une stupide fosse vide, sans poids ni sens à proprement parler, étant donné que si je n'étais pas ton Chef, je serais le Chef d'un autre employé - qu'est-ce que j'en sais ? - dans la construction d'une fusée pour Vénus.

ORI Très bon choix, Chef.

CHEF Bizarre : c'est la première planète qui m'est venue à l'esprit. Qui sait pourquoi ?

ORI Le sens même du gouffre c'est de ne pas avoir réellement de sens.

Pause de réflexion déconcertée.

CHEF Ori, toi tu m'étonnes.

ORI Merci, Chef.

CHEF Ne me remercie pas. Parce que tu m'étonnes, c'est vrai, mais pas dans le sens que tu penses.

ORI C'est-à-dire ?

CHEF Négativement, c'est-à-dire que tu me rends fou. Et tu sais pourquoi ? Parce que tu dis des bêtises avec un air tellement sérieux que ça semble être des choses sérieuses dites par quelqu'un qui ne sait raconter que des blagues...Par exemple, explique-moi ta dernière petite boutade, cette vulgaire connerie selon laquelle le sens même du gouffre serait de ne pas avoir de sens. Tu me prends pour un con ?

ORI Le gouffre à un sens d'après vous ?

CHEF Bien sûr que non, nom d'un chien, il n'en a pas !

ORI Alors quel sens ça a de l'avoir creusé ?

CHEF   Aucun.

ORI   Donc vous êtes d'accord avec moi quand je dis que le sens même du gouffre c'est de ne pas avoir de sens.

CHEF   Et bien, alors, toi pourquoi tu l'as creusé ?

ORI   Et vous pourquoi vous m'avez dit de la creuser ?

CHEF   Et toi, pourquoi tu n'as pas refusé de la creuser ? Ca faisait ton affaire, hein ?!, de continuer à creuser en touchant la paye.

ORI   Et vous, pourquoi vous n'avez pas renoncé à m'ordonner de creuser ? Ca vous arrangé bien, hein ?!, de continuer à me donner des ordres comme un dieu sur son piédestal.

CHEF   Ecoute, j'ai l'extrême conviction que tu vas mourir étranglé sur ton lieu de travail, avant que tu commettes d'autres erreurs. Oui messieurs !, je me rallie officiellement en faveur de ton élimination physique du gouffre. Du reste, Il en va de la sécurité et de la santé mentale de tous les autres employés qui sont, comme toi, d'accord, eux-mêmes à la recherche d'un sens résolu à donner au gouffre. Mais qui, même s'il ne le trouve nulle part, n'altèrent pas le gouffre même avec leur défaitisme d'ouvrier en constant désaccord avec le patron et le syndicat. Plutôt, ils manifestent silencieusement leur dissension, peut-être avec une grève de la faim qui ne fait de mal à personne, même pas à qui la fait. Bien au contraire !

ORI   : Chef, vous êtes en train de m'étrangler.

CHEF   Oui, Ori, je suis juste en train de t'étrangler. Paix à ton âme.

ORI   Juste au moment même où un sens va être révélé ?

CHEF   Un sens ? Pour qui ? Pour toi ou pour moi ?

ORI   Pour tous les deux, je crois.

On entend un coup de :

GONG

CHEF   Et c'est un sens d'après toi ?

ORI   Peut-être que ce n'est pas dans le bon sens, mais…

CHEF   Et moi je ne devrais pas t'étrangler ?

ORI   En tout cas c'est sûr que c'est un essai.

CHEF Un essai ? De quoi ?

ORI La preuve qu'il y a un sens .Sombre, d'accord, peut-être illisible, mais il y en a un.

CHEF J'en ai plein les couilles de tes quatre notions de philosophie avec lesquelles tu espères gagner un quiz.

ORI Du calme, Chef. La philo, même celle d'un simple ouvrier comme moi a une fonction précise.

CHEF Laquelle, Ori ? Dis-le-moi avant que j'exécute ta condamnation à mort.

ORI Donner un sens à ce qui, comme le gouffre, semble ne pas en avoir.

CHEF Maintenant je t'étrangle.

ORI Sans la philo on ne peut pas interpréter les phénomènes dans leur essence profonde, Chef. C'est comme ça.

CHEF Essence ? On peut savoir de quoi tu parles ?

ORI D'un sens

CHEF Tu sais ce que je te dis ? Je ne t'étrangle plus. Oui, tu as très bien compris, Je me désiste au dessein de te tordre le cou comme à une poule. Tu es la preuve vivante de la plus extraordinaire couillonnade humaine. Pourquoi donc est-ce que je devrais t'étrangler ? Il m'est préférable au contraire de t'exhiber comme l'un des plus abominables et déconcertant produit du gouffre. Tu ne trouves pas ?

ORI C'est le gouffre qui est le produit de mon travail et non moi à être le résultat du gouffre. Quand bien même…

CHEF Nom de Dieu ! On a même droit à « quand bien même » !

ORI Quand bien même, théoriquement !, le sens, l'idée même du gouffre devrait préexister à moi et à vous également.

CHEF A moi ? Mais comment tu te permets ?!

ORI C'est dans la logique même des choses. S'il n'était pas déjà creusé, l'idée de creuser un gouffre ne volerait dans aucun cerveau.Ca peut paraître bizarre, mais c'est comme ça.

CHEF Ori, j'y repense : encore un peu et je t'étrangle.

ORI Calmez-vous, Chef, prenez-le avec philosophie : ça aide à interpréter les choses comme elles sont réellement. Ou comme elles ne sont pas. Ou bien comme elles étaient et comme elles ne sont plus. Vous voulez un exemple concret ?

CHEF   Allez, un exemple concret.

ORI   L'échelle.

CHEF   Comment échelle ?! Tu ne voudrais pas me tenir un discours en plein gouffre !?

ORI   Pas l'échelle humaine, mais plutôt celle, de corde, que nous avons utilisé pour descendre ici et inspecter le gouffre même.

CHEF   Et ben ?

ORI   Disparue.

CHEF   Comment disparue ?

ORI   Elle n'y est plus. On nous l'aura enlevée sans rien nous dire, pour nous jouer un tour ou sans s'apercevoir que nous étions encore ici bas.

CHEF   Tu aurais pu faire attention ! Va te faire voir toi et tes bavardages de salon littéraire auxquels j'ai bêtement participé !

ORI   J'essaie seulement de me rendre utile, Chef.

CHEF   J'aurai dû te tuer tout de suite ! Tu m'as même arraché dans un moment de crise spirituelle une mini-confession sur mes plus profondes angoisses. Je ne me rendais pas compte que le plus terrible danger ne venait pas du gouffre. Non, Ori, le vrai danger c'est toi qui creuse des gouffres. Un pauvre malheureux te donne la main et toi tu lui prends le bras…

ORI   Et un autre prends l'échelle.

CHEF   Si je n'avais pas écouté tes théorèmes, peut-être bien que l'échelle n'aurait pas disparue et nous nous aurions pu remonter à la surface. Maintenant, par contre, tout se complique stupidement. Beau résultat, ta contribution ! Disparition de l'échelle ! Maintenant si que ta philosophie nous a potée définitivement hors du monde, en dehors du réel. On est coupé de tout Ori et nous-même, engloutis par le gouffre, nous n'avons plus aucune raison de vivre. Aies confiance !

ORI   Vous peut-être que vous ne l'avez pas mais moi si.

CHEF   Toi ? Et en quoi ?

ORI   La survie, Chef.

CHEF   Dans ces conditions ?

ORI   Toujours, en tout et de partout : la survie est mon leitmotiv, tirer la charrue est ma spécialité. Et vous savez ce que je fais, je survie en tirant vers l'avant la charrue.

CHEF Cela, en vérité, me semble être une philosophie de vie simple et efficace. Je me félicite, Ori. Je parie que c'est moi qui t'ai embauché. Qui d'autre à part moi pouvait entrevoir la vulgaire, autant que pragmatique, génialité d'un âne comme toi ?

ORI En vérité, vous, vous vouliez me licencier. Et même pire me liquider physiquement.

CHEF On en est arrivés à ce point ? Et comment ?

ORI Parce que j'aurais touché le fond du gouffre par mégarde. Vous vous en souvenez ?

CHEF C'est une vieille histoire : L'eau a coulée depuis le temps. Maintenant, j'ai établi finalement que tu n'es pas un imbécile, mais qu'en toi brille- au milieu d'un marasme intellectuel, il faut le reconnaître !- aussi une petite dose de bon sens cristallin.

ORI Merci, Chef !, merci… Dit par vous c'est une grande et belle preuve de reconnaissance professionnelle. Même un simple ouvrier comme moi a besoin de temps en temps d'une tape sur l'épaule et d'une bonne augmentation de salaire.

CHEF Des tapes, autant que tu en veux. Pour ce qui est de l'augmentation, on en reparlera quand tu m'auras fait sortir du gouffre que tu as creusé.

On entend un coup de :

GONG

ORI On demande de l'aide ?

CHEF Quelqu'un sonne le gong et toi tu demande tout de suite de l'aide ?

ORI Je voudrais sortir au plus vite de ce trou, Chef, de cette terrible situation existentielle, avant qu'il nous pose dessus une pierre tombale inamovible.

CHEF Je ne pense pas que ce soit le moment propice pour parler de tombe. C'est d'accord, Ori ?

ORI Tout à fait d'accord, Chef.

CHEF Prenons notre mal en patience, Ori, vu que d'ici on risque de ne pas sortir sous peu ?

ORI Ok, prenons-le, Chef.

CHEF Alors la règle numéro un du Gouffre, celle selon laquelle il ne faut pas parler de tombe, est approuvée à l'unanimité.

ORI Belle unanimité: on est seulement nous deux !

CHEF Regarde que être d'accord avec toi et, surtout que toi tu sois d'accord avec quelqu'un qui n'est pas toi, c'est un fait historique, séculaire. Biblique.

ORI Passons à la règle numéro deux, si ça ne vous embête pas. J'ai hâte de légiférer moi aussi.

CHEF Qu'est-ce que tu as à voir toi, avec les lois ?

ORI Une règle chacun, ça fait de mal à personne.Ca c'est la règle de base en démocratie.

CHEF Et qui te dit qu'on est en démocratie.

ORI On n'y est pas ?

CHEF On pourrait bien y être. Mais ça n'a pas encore été établi.

ORI Et qui l'établi ?

CHEF Moi.

ORI Et qui établi que vous l'établissez vous ?

CHEF Moi.

ORI ET moi ?

On entend un coup, encore plus fort, de

GONG

ORI Peut-être que quelqu'un là-haut veut nous avertir que c'est l'heure de manger.

CHEF Bon, si c'est eux qui le disent je n'ai aucun inconvénient à l'approuver à mon tour : Pause-repas. Sort ton panier, Ori.

ORI Je l'ai laissé au chantier, là-haut, Chef.

CHEF Comment ? Tu me fais faire la pause-repas et tu n'as rien à manger ?

ORI C'était juste une simple idée, Chef.

CHEF Bravo, maintenant on se nourrit avec tes idées abracadabrantes !

Il se met à pleuvoir un jambon et saucisses.

ORI Au moins la cantine du gouffre est digne d'elle-même.

CHEF Le philosophe Benedetto Croce explique la réalité inconnaissable en comparant les idées avec des saucissons pendus au plafond et inaccessibles dont on sent seulement le parfum.

ORI Il s'agit de simples saucissons, Chef, et non pas d'idéaux vrais et propres.

CHEF Une saucisse ne peut pas contenir un idéal, d'après toi ? Si vraiment tu es un sale matérialiste, sois-le au moins au sens historique.

ORI Pourquoi historique, Chef ?

CHEF Parce que dans la chute d'une saucisse tu ne devrais pas seulement voir une saucisse qui tombe ! C'est incroyable, tout de même, que tu ne comprennes pas que la chute de saucisses est un phénomène bien plus complexe, avec ses présuppositions et ses dessous, de ce qu'il semble.

ORI Il pleut des saucisses à l'heure du repas, comme s'il s'agissait d'idéaux abstraits, et vous vous lamentez ?

CHEF E s'il ne s'agissait ni d'idéaux ni de vraies saucisses ?

ORI Et qu'est-ce que ça pourrait bien être ?

CHEF Ce pourrait être nos valeurs qui tombent, Ori.

ORI Ayez confiance, ce sont des saucisses.

CHEF C'est mieux comme ça.

ORI Je pourrais bien même être une ombre enfermée dans une caverne platonique, d'où on aurait fait disparaître l'échelle pour remonter à la réalité, mais j'ai un tel gouffre dans l'estomac que je ne peux pas m'empêcher de considérer un saucisson pour ce qu'il est.

CHEF Cette fois tu as parfaitement raison, Ori.

ORI Merci, Chef. Bon appétit.

CHEF Tout d'abord rendons un humble et dévot hommage à la réalité. Prie avec-moi, Ori.

ORI Oh là là ! Quelle histoire pour un morceau de jambon !

CHEF Silence. Prions.

ORI   Et alors prions !

Le Chef le regarde de travers et se met à prier à haute voix.

CHEF   « Plus grande est la distance d'où proviennent les ombres et les images, plus elles peuvent faire corps et âme avec notre ombre d'an temps, et qui fut leur compagne. Délectables ou déchirantes que soit les duperies que ces ombres ressuscitent, il faut passer et repasser indéfiniment sur les signes qui contournent les images, jusqu'à ce que l'obstination narrative réussisse à faire coïncider erreur avec erreur, illusion avec illusion, passion avec passion, au travers d'un seul miroir évocateur qui s'ajuste à notre propre souffle ».

ORI   Amen. Et maintenant, finalement, on mange.

Ori et le Chef mangent.

CHEF   je te confesse un secret, Ori. Mais garde-le pour toi, c'est un conseil. Je ne voudrais pas que mon titulariat d'entreprise soit taché par une compromettante assertion due à mon état de grâce actuel, couronné par un ventre bien rempli : je déteste la réalité qui me circonde. Le monde me semble être un décor mal peint, déchiré et plein de vent pour une scène de théâtre insensée. Je voudrais défoncer le décor, Ori, tomber de l'autre côté, voir ce qu'il y a derrière la scène du monde. Peut-être que j'ai dit une banalité pour mériter quelques applaudissements ?

ORI   Chef, c'est vous qui débarrassez ?, soyez gentil.

CHEF   Et ça d'après toi ça serait une gentillesse ?

ORI   Ben, moi j'ai mis la table.

CHEF   Peut-être bien que je devrais aussi laver les assiettes.

ORI   si, comme ça moi je les essuie.

CHEF   Il n'y a pas de lave –vaisselle dans ce foutu gouffre ?

D'un coup, il tombe un lave-vaisselle.

ORI   Vous avez vu ? C'est arrivé de nouveau : quelqu'un c'est débarrassé de ça vieille idée de lave-vaisselle. Qui sait s'il marche encore.

CHEF   Et de quoi tu te plains ?

ORI   Je trouve que l'histoire est un peu trop déprimante, voilà tout.

CHEF   Donc je ne dois pas laver les assiettes ? Tu es un gros jaloux. Quand le sort me vient en aide, toi tu te fais du mauvais sang. Tu gicles du venin de tout ton corps, Ori. Contiens-toi.

ORI   C'est pas le sort qui vous vient en aide, Chef. Et c'est pas du venin ce qui gicle. Je crains que quelqu'un ait pris notre gouffre pour une vulgaire décharge et qu'il soit même en train d'y pisser dessus.

CHEF   Le cochon !

ORI   J'ai tellement trimé dans l'espoir de créer quelque chose d'utile, un gouffre pleins de sens symboliques, métaphysiques et à l'improviste, je suis mis devant le fait établi d'avoir construit une gigantesque poubelle. Autre que métaphore ! Idéaux ! Mais plutôt résidus, restes, vers et rats d'égouts comme nous, déchets, ordures !

CHEF   Comme toi, ne t'hasarde pas à mélanger l'autorité par moi représentée, avec tes déchets idéologiques et moraux.

ORI   Mais vous, vous n'en avez pas marre de faire le Chef ?

CHEF   Pourquoi donc je devrais en avoir marre, nom de dieu. Faire le Chef c'est bien et satisfaisant.

ORI   Creuser aussi peut-être satisfaisant.

CHEF   Je n'ai pas du tout l'intention de te voler ta place. Sois tranquille.

On entend, à l'improviste, un coup de

GONG

ORI   Le revoilà. Le fameux coup de gong qu'on déchiffre mal.

CHEF   C'était un appel à l'ordre, Ori.

ORI   Quel ordre ?

CHEF   Constitué. Celui qui te dit quand, comment et pourquoi la pause-repas est finie.

ORI   La pause-repas est finie ? Pour de bon ?

CHEF   Malheureusement, oui.

ORI   Dommage.

CHEF   Console-toi avec cette réflexion simple mais appropriée : Seulement ce qui a un début, à aussi une fin.

ORI   Belle consolation.

CHEF   je n'en vois pas d'autre.

ORI   Moi non plus.

CHEF   Alors mettons-nous au travail.

ORI   Quel travail ?

CHEF   Comment quel travail ?

ORI   Si, Chef, vous avez très bien compris. Qu'est-ce que je dois faire ?

CHEF   Tu ne sais pas ce que tu dois faire ?

ORI   Moi, non. Et vous, vous le savez ce que vous devez me faire faire ?

CHEF   Espèce d'idiot, Ori !

ORI   Pourquoi vous me frappez, qu'est-ce que j'ai fait ?

CHEF   Rien ! C'est ça le problème.

ORI   Vous y tenez tant à donner des ordres, à commander ! Mais vous ne savez jamais quel ordre donner quand il faut exercer l'autorité dont vous soutenez même qu'elle arrive d'en haut. En haut, en plus, je serais vraiment curieux de savoir de quelle « hauteur » elle provient.

CHEF   Si moi je ne commande pas, toi tu refuses d'obéir : C'est bien ça, n'est-ce pas, sale traitre ?

ORI   C'est pas que je refuse…En fait, c'est que je ne peux pas obéir sans même savoir à quoi dois-je obéir.

CHEF   Le fait est que tu ne te rends pas compte tout seul de ce qu'il y a à faire.

ORI   Je ne suis pas payer pour me rendre compte.

CHEF   Et pourquoi es-tu payé ?

ORI   Pour creuser.

CHEF   Et tu creuses maintenant ?

ORI   Pour le moment non.

CHEF   Tu vois bien que tu es un tire-au-flanc !

On entend, à l'improviste, un coup de

GONG

ORI   Il nous cherche encore, Chef ?

CHEF   Oui, Ori. Il veut que tu fasses de manière très générale quelque chose et que moi je t'instruise dans ce sens.

ORI   De manière très générale ?

CHEF   en somme, invente-toi quelque chose, fais semblant de travailler. Sinon tu me causes des problèmes à moi aussi parce que je suis ton Chef : « Tu pouvais le contrôler ! ». « Tu aurais dû te rendre compte de ce qu'il faisait ! », je les entends déjà, là-haut.

ORI   Qui ?

CHEF   Mes supérieurs.

ORI   C'est pas vous le supérieur ?

CHEF   Par rapport à toi, si, c'est moi. Mais il y a d'autre supérieur au-dessus de moi.

ORI   Donc vous n'êtes pas si supérieur que vous le dites.

CHEF   Tu me fais de la peine, Ori. Si on s'est enfoncé dans cette malheureuse fosse, mon cher, c'est à cause de ta superficialité et de ton chronique manque de profondeur spirituelle et de solidarité humaine. Tu n'as pas le moindre respect pour l'autorité que représente cette devise. Les entrailles de la Terre, dans lesquelles tu m'as gauchement traîné en te faisant même foutre l'échelle pour remonter aux abords de la réalité, sont uniquement le symbole du vide que tu portes en toi. Mais moi j'en ai ma claque de tout, j'en ai marre du gouffre, j'en ai marre de toi, j'en ai marre de ta femme, j'en ai marre de Oreste, de sa sœur et de sa gazinière, J'en ai marre !

Une gazinière tombe d'en haut.

ORI   Pardon, Chef, vous avez dit électrique ou à gaz ?

CHEF   J'ai dit que j'en ai marre. Tout simplement, Ori. Je ne me souviens pas d'avoir parlé de gazinière. Je m'en rappellerai, merde !

ORI   Et bien, ils nous ont envoyé une gazinière.

CHEF   *(hystérique)* Elle ne nous sert à rien, je ne l'ai pas commandée : Qu'ils viennent se la reprendre.

ORI   Mais, CHEF – s'ils l'ont jetée dans le gouffre c'est qu'ils ne savent plus qu'en faire. Sinon ils l'auraient certainement gardée. Ca peut toujours servir une gazinière.

CHEF   je suis désolé de te le dire, Ori, mais ce gouffre tu l'as vraiment creusée à coup de bite. De l'extérieur, on dirait une décharge, et de l'intérieur aussi. C'est ta faute s'ils y balancent toute la camelote qui ne leur sert plus, toi compris. Quand à moi, nom de dieu !, j'ai plus que hâte d'en sortir. C'est un pauvre puits sans fond et sans issue de secours.

ORI   On demande de l'aide, alors ?

CHEF   Ah non, pas ça ! De l'aide, moi ? Jamais ! Tu souffres d'un complexe d'infériorité, Ori. Mais si moi je dois sortir d'un trou, d'une fosse pourrie dans laquelle je me suis plus ou moins involontairement enfoncé, je dois le faire en comptant uniquement sur mes forces et sur mes qualités de professionnel et d'entrepreneur. Je ne peux pas me mettre en discussion, m'abaisser pour demander de l'aide, du secours ou espérer des hypothétiques miracles pour me relever du fond où je suis tombé. Moi je me relève avec mes propres mains, sache-le !

ORI   Et comment ?

CHEF   Prends la pelle et creuse. (*Des déchets lui tombent dessus.*) Bouge-toi avant qu'ils nous submergent de pourritures, nom d'un chien !

ORI   Vous ne venez pas de dire que vous vouliez vous relever avec vos propres mains ?

CHEF   Justement.

ORI   Et pourquoi donc, c'est moi qui dois creuser ?

CHEF   Tu veux t'en sortir toi aussi, oui ou non ?

ORI   Mais en creusant, je vais dans la direction opposée à ma propre remontée. En réalité, en creusant je descends encore plus profond au lieu de remonter.

CHEF   Obéis, ne fais pas d'histoires, et ne te permets pas. Gard à toi, que je prends note.

ORI   Et ou voulez-vous donc que j'arrive ?

CHEF   De l'autre côté, imbécile.

ORI   De quoi ?

CHEF   Du gouffre. On finira bien par déboucher quelque part.

ORI   Tôt ou tard, on finira par déboucher en enfer.

CHEF   T'es nul en géographie, Ori. D'ailleurs, depuis que le monde est monde, pour rejoindre l'enfer il faut d'abord mourir. Fais-moi confiance.

ORI Il vaut mieux pas, Chef.

CHEF Ecoute. Si tu avais étudié l'ingénierie, comme moi, tu connaitrais certainement le principe des vases communiquant. Vu que tu ne sais rien de la théorie, je te l'explique avec un exemple pratique. Tu vois quand quelqu'un mange des haricots en boîte ?

ORI Je vois, Chef.

CHEF D'un côté on ingère des légumes et de l'autre on émet des gaz.

ORI Moi, je ne suis pas un gaz, et pas même un légume.

CHEF En tout cas tu évacues comme tout le monde, la quasi-totalité, l'unanimité du genre humain. N'est-ce pas ?

ORI Je ne peux pas le nier.

CHEF C'est pour cela qu'il convient que tout ce qui entre puisse sortir par quelque endroit ; n'est-ce pas ?

Et si nous n'arrivons pas à sortir d'ici, à émerger de nouveau par où nous sommes entrés, c'est-à-dire de la bouche du gouffre, nous en sortirons surement par son postérieur, justement comme les haricots en boîte desquels je te parlais il y a peu de temps. Tu as compris le concept ?

ORI Non, Chef. La comparaison ne me convainc pas.

CHEF Personne ne veut te convaincre. Silence et creuse. C'est un ordre.

ORI Si vous m'ordonnez péremptoirement de creuser, moi je creuse, seulement parce que je dois creuser. C'est-à-dire que vous ne m'avez pas convaincu, mais vous m'avez contrains de le faire.

CHEF Bravo, Ori, c'est comme ça que je t'aime : obéissant comme un ouvrier qui sait rester à sa place.

ORI Pas qui sait rester, qui se le prends toujours là où je pense.

CHEF Très juste, Ori. Et tu verras qu'à la fin sa commencera même à te plaire. J'en suis sûr. Aies confiance. C'est seulement une question de temps. Tôt ou tard, ça plaît à tout le monde qu'ils soient bons ou méchants !

ORI J'espère pas, Chef.

CHEF Qui vivra verra, Ori.

Ori, affligé, se remet à creuser. Le Chef contrôle le travail avec suspect.

ORI Chef ?

CHEF   Oui, Ori ? Qu'est-ce qu'il y a ? Qu'est-ce qu'il se passe ? Tu es déjà arrivé de l'autre côté du gouffre ?

ORI   Je peux parler ?

CHEF   Pourvu que tu dises quelque chose de sensé ou d'intelligent.

ORI   J'ai envie de péter.

CHEF   Et ça, d'après toi, c'est une chose sensée ou intelligente ? Honte à toi !

ORI   Mais j'ai quand même envie.

CHEF   Alors c'est une grosse merde, Ori, et pas un simple pet. Je suis désolé mais tu devras te retenir au moins jusqu'à ce qu'on sorte de là. D'ailleurs le gouffre est un endroit peu aéré vu qu'il a qu'un seul trou. C'est pour cela que je t'en fais faire un autre, pour te permettre à toi aussi de pouvoir t'exprimer en pleine liberté spirituelle. Alors bouge-toi, travail ! Dans tes propres intérêts. Trava-il !

ORI   Chef, soyez sincère : vous, vous êtes avec qui, vraiment, avec moi ou avec le gouffre ?

CHEF   Ori, je m'étonne de toi. Comment, avec qui je suis ? Je suis bipartisan, Ori. C'est-à-dire que je suis avec tous les deux. Je donne un peu raison à toi, et un peu au gouffre. D'ailleurs, tu devrais comprendre que la vérité n'est pas d'un seul côté. Tu te plains que le gouffre est trop profond et le gouffre se plains d'avoir été trop creusé. Va savoir où est la juste mesure, les raisons de chacun. Je te semble peut-être un vile opportuniste, Ori, mais je suis juste prévoyant : je parle mal de toi au gouffre, et j'injurie le gouffre quand je suis avec toi, voilà tout. Je me tiens en équilibre, sur le bord du gouffre. Constamment en jeu.

ORI   Félicitation pour vos acrobaties !

CHEF   Tu le dis ironiquement. Mais, tu vois : il n'y a qu'un seul résultat, moi je continue à commander et toi, par contre, tu continues à creuser, misérable que tu es.

ORI   Je peux au moins penser pendant que je creuse ?

CHEF   Et moi je peux peut-être te l'interdire ? Non ? Et alors va pensiero !

Ori continue à creuser. Enregistrement audio : les pensées d'Ori.

PENSEE D'ORI   PRRRR !

CHEF Ori, comment tu te permets ? Je t'ai dit que dans le gouffre on ne peut pas péter !

ORI Vous avez dit : Va pensée, n'est-ce pas ? Et alors ma pensée s'st exprimée, elle a volé comme le vent.

CHEF Pense à quelque chose d'autre, alors, Tu n'en es pas capable ?

ORI Je vais essayer.

Ori continue de creuser.

CHEF Tu sens encore une forte odeur de gaz.

ORI Forte odeur, Chef ?

CHEF C'est un euphémisme. J'aurai dû dire puanteur, mais je ne voulais pas te déshonorer ouvertement, Ori. Contrôle-toi !

ORI Euphémisme, ça voudrait dire que c'est moi qui l'ai fait ?

CHEF Laissons tomber. Au moins dit moi, tu es arrivé de l'autre côté du gouffre ? Comme ça, une fois le deuxième trou percé, on pourra aérer un peu. Il faut un peu d'air frais ici. Et comment !

ORI Je n'ai pas encore fini, Chef. Le fond du gouffre est très dur, J'arrive à peine à l'érafler avec la pelle.

CHEF Et pourquoi tu n'as pas pris le marteau-piqueur ?

ORI J'avais peur d'exagérer, Chef.

CHEF Tant pis pour toi. Tu aurais déjà fini. Qui as le temps n'attends pas, Ori.

ORI Je n'ai pas de temps à perdre, moi. Vous au moins, vous avez bien dormi ?

CHEF Je ne sais pas. J'ai eu comme une sensation étrange. Pendant mon sommeil, j'ai eu - tu ne le croiras jamais, et j'ai moi-même eu du mal à le croire – j'ai eu peur. Oui, Ori, tu as très bien compris : pendant un petit moment j'ai eu peur de la mort. J'ai honte de te le dire...

ORI Vous ne devez pas avoir honte. Peut-être que la peur de la mort sert à se sentir vivant. C'est peut-être ça le sens, le but du gouffre : la Peur.

CHEF Tu as peut-être raison : Le noir du gouffre, ces étranges grondements, ces craquements, comme ceux d'un squelette qui se casse en mille morceaux. Tu as peut-être atterri dans quelque catacombe, Ori ?

ORI Non, Chef. C'est pas le craquement d'un squelette d'humain.

CHEF   Mon dieu, qu'est-ce que ça peut bien être, alors ?

ORI   C'est le craquement du squelette du gouffre-même, Chef.

CHEF   Le squelette du gouffre ? Ori, faiseur de merde, qu'est-ce que tu es allé creuser pendant que je me concédé un petit somme plus que mérité ?

ORI   Rien, Chef.

CHEF   Comment rien, Ori. Ca c'est un vrai grondement.

ORI   Chef, je dois vous communiquer une triste nouvelle : le gouffre est en train de s'effondrer.

CHEF   S'effondrer ? Le gouffre ? Merde, ça c'est un cauchemar, et toi tu es mon bourreau.

ORI   Adieu, Chef. Le gouffre s'écroule.

CHEF   A dieu, Ori. Et surtout, quand tu arriveras dans l'autre monde, je ne veux plus te voir.

Entendu?

Ori creuse un dernier coup qui provoque l'effondrement du gouffre.

Un grondement terrifiant. Noir.

Une fois que la poussière est dilatée, le gouffre disparaît. Ori et Chef, à moitié enterrés sous les gravats réapparaissent lentement en se lamentant...

CHEF   Merde, regarde ce que tu as foutu ! Ca tu va me le payer, bâtard.

ORI   D'abord vous me dites « creuse » et après vous y repensez en me grondant : « pourquoi tu as creusé ? ». D'abord vous me traitez de fainéant absentéiste, et juste après vous m'accusez d'avoir été trop fidèle aux directives dans le seul but de me mettre en avant pour obtenir une augmentation. En fait, vous me renvoyez la balle sans me donner la possibilité ni de faire jusqu'au bout mon devoir, ni même seulement de le faire. Quel bordel !

CHEF   Quand on fait mal son propre devoir, c'est comme si on n'avait rien fait. La vérité c'est que tu es un pauvre fouteur de merde. Tu as creusé un gouffre dans le gouffre, comme on te l'a demandé, d'accord. Mais est-ce que tu l'as contrebouté ?

ORI   Je n'ai pas pensé à le contrebouté vu que ça me semblait plutôt abstrait, surréel, qu'il puisse tenir debout tout seul.

CHEF   Et par contre, il n'a pas résisté, têtu. Parce que les métaphores aussi ont besoin de solides fondements. Et qui doit leurs donner ces fondements, toi qui creuse ou bien moi qui t'ordonne de creuser ? Ton gouffre ne valait pas un clou, il s'est écroulé comme un château de sable. Maintenant tu n'as plus qu'à tout recommencer depuis le début et en creuser un autre.

ORI   Un, ça vous suffit pas ?

CHEF   Ca aurait dû suffire, bien sûr, si tu ne l'avais pas défié en l'élevant au symbole de ta condition existentielle. Tu as mis en lumière ta veine poétique la plus onirique que tu ne savais même pas posséder. Mais maintenant que le rêve se transforme en cauchemar, et le cauchemar en catastrophe planétaire, le gouffre doit être creusé de nouveau, pour être reporté à sa juste dimension d'œuvre d'utilité public. Comme tu la réduit, métaphore humaine, il ne sert vraiment à personne ! Creuse, Ori, creuse et creuse encore.

ORI   Et pendant que je creuse, vous vous faites quoi, Chef ?

CHEF   Je réfléchis à ce qu'on doit faire dans l'après-gouffre, Ori. Si après-gouffre il y a. Essaie de le mériter, C'est un conseil.

ORI   Je ferai de mon mieux, Chef. J'ai déjà commencé à creuser.

CHEF   C'est bien.

Ori reprend tristement à creuser.

Musique. Le noir tombe lentement.

FIN

LA VORAGINE

satira sul-reale

in 3 atti o scene e un finale

di Enrico Bernard

"*L'unità di un ordine fondato sul ritorno di ciò che è analogo, anche se a ritornare fossero soltanto momenti semantici analoghi, è l'unità di un'attività che ritorna a se stessa e di nuovo si sonda; il centro di gravità non è nel senso ritornato, ma nel ritorno dell'attività del movimento - interiore e esteriore, dell'anima e del corpo - che ha generato questo movimento.*"

Bachtin, *Estetica e Romanzo, sul problema della creazione letteraria.*

Personaggi :

Ori   e   Capo

Caratteri dei personaggi:

Ori

Essere umile, terra terra, ma non privo di lampi di humor e di genio.

Sopporta faticosamente la sua condizione esistenziale. Nel suo atteggiamento c'è tutto il sano pessimismo cosmico delle classi subalterne che si consolano solo col pensiero che tanto potrebbe andar peggio, molto peggio. Il suo sogno, per il quale si tiene costantemente aggiornato formandosi una cultura nozionistica, è quello di rispondere alle domande di un quiz televisivo per affrancarsi da quella condizione servile definita eufemisticamente "lavoro".

Capo

Forbito quanto impettito pare una marionetta che parla e si muove a comando.

È sempre in bilico, sul punto di cadere, come se sotto i suoi piedi la realtà fosse costantemente incerta, provvisoria. Il suo potere è limitato a comandare Ori, ma si serve di questo piccolo potere appunto per sottoporre il suo subordinato a tutta una serie di piccole angherie che giustifica con argomentazioni da manuale di cui lui stesso non capisce fino in fondo il significato.

ATTO PRIMO

Un mucchio di terra al centro della scena. Alcuni segnali di "Lavori in corso".

Dalla voragine, nascosta dal mucchio di terra, qualcuno sta spalando alacremente.

All'improvviso si sente un colpo secco, come se la pala avesse incontrato un ostacolo. Dall'interno:

UNA VOCE Ehi, ho toccato qualcosa di duro!

Si affaccia Ori sporgendo la testa dalla buca. Ha un elmetto da minatore con la lampadina accesa.

ORI Ehi, ehi, abbiamo toccato il fondo, proprio! *(resta in attesa di una risposta che non arriva)* Sentito? Abbiamo toccato inavvertitamente il fondo... il fondo, accidenti! Non era mai successo prima d'ora... proprio a me doveva capitare! Che giornataccia... Quando si dice una giornata di merda! *(si affaccia nuovamente a parlare con qualcuno giù nella buca)* Non gliene frega niente a nessuno... Sì, sì che ho insistito... Provo a sparare un razzo segnaletico, va bene? ... chissà se se ne accorgono... *(sistema un piccolo razzo nella terra, dà fuoco alla miccia, attende ansiosamente tappandosi le orecchie, ma non succede niente)* Niente botto? Niente: bum? Che cazzo di razza di razzo è...!

Entra il Capo.

CAPO Che ti bummi, Ori? Che ti scazzi coi razzi?

ORI Ecco il Capo, ragazzi!

CAPO 'mbeh?

ORI È successo, Capo.

CAPO Cosa, Ori?

ORI Abbiamo accidentalmente toccato il fondo.

CAPO Accidenti a te, Ori.

ORI Non se la prenda con me, Capo.

CAPO E con chi dovrei prendermela, allora?

ORI Beh, è stata lei, la voragine insomma, a farsi toccare il fondo...

CAPO La voragine si fa toccare il fondo e tu perdi tempo coi fuochi d'artificio?

ORI Macché fuoco! Quello è un razzo di soccorso. Dovrebbe fare "bum!" per richiamare l'attenzione, capisce? E invece non fa un cazzo...

CAPO Con le volgarità non si risolve mai niente.

ORI Scusi Capo, volevo dire che non fa il razzo.

CAPO Senti un po': è un pezzo che ti tengo d'occhio, sai? E non mi piaci, Ori, no che non mi piaci: sei capace perfino di trasformare un comunissimo cazzo di soccorso... grr!... Che mi fai dire!?, razzo di soccorso da usare solo in caso di emergenza, in un missile pirotecnico per intrattenere il pubblico.

ORI Questa è davvero un' emergenza, non un intrattenimento.

CAPO A parte il fatto che se fosse proprio emergenza e se quello fosse un vero razzo di soccorso, sarebbe partito... o non hai fiducia nei nostri mezzi di soccorso?

ORI Per carità, Capo! Non volevo mettere in dubbio la nostra provata, documenata efficienza, però...

CAPO E allora, sentiamo: perché avresti dovuto chieder soccorso, Ori?

ORI Perché? Ma perché abbiamo toccato il fondo, Capo.

CAPO Questo me lo hai già detto.

ORI Si affacci nella voragine Capo: vedrà che disastro.

CAPO *(si affaccia)* Già, vedo... bel guaio. Sei sicuro che sia proprio il fondo?

ORI Caspita! È duro come una pietra. Stia a sentire... Ragazzi, fate sentire il fondo al Capo.

Risuonano tre colpi secchi.

CAPO Pare proprio che sia il fondo. Ma non mi stupisco... dico, non più di tanto. Scava scava, ci si doveva arrivare prima o poi, no?

ORI Siamo qui per questo!

CAPO Più giù di così non potevamo andare, vero?

ORI Direi proprio di no. Quando si tocca il fondo, c'è poco da stare allegri. Oltretutto, adesso sarà dura risalire.

CAPO Ma non si potrà neppure cadere più in basso.

ORI Sempreché non ci sia un doppio fondo, Capo.

CAPO Cavolate.

ORI Saranno cavolate... se lo dice lei!

CAPO Piuttosto, si vede niente laggiù?

ORI Buio come la notte dei tempi.

CAPO Nessuno spiraglio? Sicuro?

ORI Ce ne saremmo accorti. Uno spiraglio, uno qualsiasi, laggiù non passa di certo inosservato, Capo.

CAPO Se se ne fosse presentato uno, lo avreste subito richiuso, vero Ori?

ORI Sì, Capo. Lo giuro!

CAPO Mi raccomando. Non devono esserci spiragli.

ORI Agli ordini, Capo!

CAPO Bravo, così mi piaci. Obbediente e disciplinato.

ORI Ha altri ordini, Capo?

CAPO Boh! Dovrei averne?

ORI Direi di sì. Un Capo che si rispetti ha sempre ordini da impartire, soprattutto in questi frangenti.

CAPO Che ne sai tu di frangenti, scemo! ?

ORI Quando c'è il mare agitato mi piace stare a guardare i frangenti...

CAPO Quelli sono i frangiflutti.

ORI E dire che avevo trovato il termine sul dizionario della lingua italiana!

CAPO E tu non dar retta alle male lingue. I frangenti spesso e volentieri ingannano, appaiono diversi da quello che sono: insomma, contraddittori, specialmente nella notte della voragine.

ORI Che devo fare, allora?.

CAPO Il tuo lavoro. Cioè: obbedisci, e stop.

ORI A cosa, obbedire?

CAPO Agli ordini, imbecille!

ORI Ma quali ordini? È un pezzo che non ne arrivano più!

CAPO L'ordine è, per il momento, di mantenere l'ordine. Poi si vedrà. Come dice il proverbio: ogni cosa a suo tempo. Oppure devo pensare che hai fretta di cambiare?

ORI Fosse per me, Capo! ... Sa dove li avrei mandati gli ordini?

CAPO Silenzio!

ORI Posso almeno imprecare?

CAPO Mi domando perché. Si può sapere di che ti lamenti?

ORI Di tutto un po', Capo.

CAPO Ti pare una bella cosa, lamentarsi?

ORI No, Capo, certo che no.

CAPO Vedi che ho ragione io?

ORI Lei ha sempre ragione, Capo. Però...

CAPO Qual è il problema?

ORI Quando si è toccato il fondo uno comincia a domandarsi: e ora, ci grattiamo la pancia? E gli ordini non arrivano... E uno non sa che fare... E si domanda: e se non dovessero arrivare?... Fin quando potremo grattarci la pancia?

CAPO Basta! Non sussistono né ac né ma. Gli ordini arriveranno. Puntualmente, non te lo assicuro, ma sul fatto che arrivino non ci sono dubbi. Garantito! ...

ORI Se lo dice lei!

CAPO Sei scettico, Ori?

ORI Sa com'è! In altre occasioni avrei anche fatto a meno degli ordini. Quando c'era ancora tanto scavare, ad esempio, si sentiva solo un ordine; "scava-scava". Ma ora che abbiamo toccato il fondo e non sappiamo più se domani potremo continuare scavare e ci avremmo bisogno di ordini immediati, di certezze circa il nostro futuro, siamo in balia dei "si dice" che non si concretizzano in chiavi di lettura del presente. Le sembra giusto?

CAPO Potevi obbedire prima, allora, quando c'era qualcosa da scavare e, di conseguenza c'erano gli ordini. Ora che non ci sono, vorresti obbedire. Ma ormai è troppo tardi. Prenditela in quel posto, Ori! E godi!

ORI Allora posso anche farci a meno del Capo, ecco!

CAPO A meno di me? Sei impazzito? Qui c'è un maledetto bisogno di me!

ORI Invece no.

CAPO Ah ah! Attento!

ORI Non c'è bisogno di nessun Capo quando il Capo stesso non ha più ordini da impartire. Infatti, se lei non comanda, io non posso obbedire e, di conseguenza, lei non è più il mio Capo. Non è niente, insomma, neppure un buon amico, un conoscente o un condomino: niente, ha capito, Capo?, niente di niente. Niet! Nisba! Un emerito cacchio!

CAPO Se la pensi così, sei licenziato.

ORI Oh, bella! E perché?

CAPO Per insubordinazione.

ORI Insubordina...che!?

CAPO Significa che ti rifiuti di obbedire.

ORI No. È lei si rifiuta di dare ordini.

CAPO D'accordo: l'ordine è di non obbedire ad alcun ordine, visto che non ci sono altri ordini. Va bene così? Sei contento?

ORI Eh, no! Troppo comodo.

CAPO Anche tu però vorresti obbedire solo quando fa comodo a te. E ciò non è giusto, Ori, dal momento che la società non può permettersi il lusso di stare al tuo servizio, di correre dietro ai tuoi capricci e di porre riparo ai tuoi pasticci.

ORI Almeno, c'è qualcuno più in alto di lei in grado di dare ordini?

CAPO Spero proprio di sì, perdio! Ora che avete... cioè, che abbiamo - visto che stiamo sulla stessa barca - toccato il fondo, resto anch'io in un certo senso in attesa di ordini; e la situazione, credimi, è alquanto imbarazzante anche per me. Vediamo di darci una regolata, okkei Ori?

ORI Sarà... *(si siede, col cestino della merenda sulle gambe)* Lei ci crede agli ordini, Capo?

CAPO Fai certe domande del cavolo, Ori!

ORI Beh, forse non si doveva arrivare a toccare il fondo, forse dovevamo fermarci prima, ecco. Io la penso così, ecco.

CAPO Qualcuno ti ha forse messo la pala in mano e ti ha detto "va e tocca il fondo"?

ORI No.

CAPO Quali erano gli ordini?

ORI Scavare, scavare, scavare.

CAPO E tu hai scavato?

ORI Eccome! Senta che calli! Quando mi prendo l'uccello in mano per sgrullarmelo mi sembra di metterlo fra due guanciali di carta vetrata!

CAPO Lo vedi? Sei tu che hai maldestramente toccato il fondo per imperizia o per eccesso di zelo fino a farti stupidamente venire la carta vetrata... cioè, i calli alle mani. Ammetti di aver esagerato, Ori?

ORI Se mi si fa scavare come una talpa senza mai un contrordine, è chiaro che prima o poi sarei arrivato al fondo.

CAPO E perché ci sei arrivato più prima che poi?

ORI Perché è finita la terra sotto i piedi, Capo.

CAPO E non potevi accorgertene in tempo, prima che finisse?

ORI Me ne sono accorto, quando ho appunto toccato il fondo. Troppo tardi.

CAPO Non potevi solo sfiorarlo, questo cazz...spita di fondo?

ORI Insomma, Capo, non cerchi scuse: se siamo arrivati a questo punto non è certo per colpa mia.

CAPO E neppure mia.

ORI Sarà.... *(comincia a fare merenda)*

CAPO Che mangi, Ori?

ORI Un panino ino-ino, Capo.

CAPO Alla faccia del diminutivo!! Ma, dico, è già ora di colazione, Ori?

ORI Mezzogiorno in punto, Capo.

CAPO Il mio orologio va indietro. Fortuna che il mio stomaco conferma, Ori, altrimenti ti saresti buscato un richiamo. Invece, è il mio stomaco a richiamare la tua attenzione. Lo senti?

ORI Accidenti a lui, *(tra sé)* Mai che si porti il suo cestino... Vuol favorire, per caso?

CAPO Se proprio insisti... Un morso, tanto per gradire... *(inghiotte in un sol boccone la colazione di Ori)*

ORI Ha perso gli ordini, ma non l'appetito. Vero, Capo?

CAPO   Quello, mai. E poi, Ori, lo sai che dovresti ringraziarmi?

ORI   Davvero? Ma che bravo, il Capo! Non me ne ero accorto.

CAPO   Il tuo panino non era gran che: ti ho risparmiato la sofferenza di doverlo mangiare per non dispiacere la tua signora. Aveva uno strano retrogusto che non mi spiego.

ORI   Io non mi spiego nemmeno il gusto, visto che non l'ho neppure assaggiato.

CAPO   Quanto a gusto non c'era male... devo sinceramente ammetterlo. La prossima volta che lavori di notte passo a fare i complimenti alla tua dolce consorte. Niente in contrario?

ORI   Sentirà che retrogusto!

CAPO   Oh, meraviglioso retro, cosa non si farebbe per te?! *(fa il segno di forma femminile)* È una constatazione, Ori caro, non una domanda. Senza offesa.

ORI   Allude a qualcosa in particolare?

CAPO   No, per niente, scherzavo. *(sbadiglia)* Ed ora, lasciami in pace... Aaaah! ... *(si stende)* Ci ho un sonno che più sonno non si può!

ORI   Come? Ci ha il coraggio di mettersi a dormire?

CAPO   Beh? Che c'è di male? Se tu fossi al mio posto, non te la prenderesti forse una "pausa di riflessione", eh?

ORI   Sarà...

CAPO   Senti, Ori: con questa espressione che riciccia di tanto in tanto fuori dalla tua boccaccia, mi stai veramente rompendo le scatole. Che cazz... spita significa 'sto "sarà"?

ORI   Non se la prenda, Capo: se lei dice che è una pausa di riflessione, io dico: sarà una pausa di riflessione. Punto e basta.

CAPO   Nel senso che non lo è?

ORI   Per me cerca solo di prendere tempo, ecco, in mancanza di ordini, ecco!

CAPO   Ripeto per l'ennesima volta: l'ordine è di aspettare ordini. Intesi?

ORI   E aspettiamo!

CAPO   Io, aspetto. Tu va nella voragine e rimettiti al lavoro. Uno qualsiasi. Marsch!

ORI   D'accordo... *(entra fino alla cintola nella voragine)*

CAPO *(dopo una pausa)* Che stai facendo Ori?

ORI La pipì, Capo.

CAPO Nella voragine?

ORI Dove, sennò?

CAPO Sei un troglodita, Ori.... Altro che diminutivo di Oreste! Adesso ho capito da dove viene il tuo nome: da orina. Fai schifo!

ORI Perché, a lei non scappa mai, Capo?

CAPO Non nella voragine, Ori. Non nella voragine!

ORI Che ci ha la voragine che non si può pisciarci dentro?

CAPO Ma è la nostra voragine, capisci?! Un po' di rispetto, cavolo! Non sarà la nostra culla, ma probabilmente sarà la nostra tomba.

ORI Anche lei coi "sarà", eh, Capo?!

CAPO Io sono autorizzato a pormi dei seri interrogativi. Io, sì.

ORI Io ci piscio sopra ai suoi interrogativi.

CAPO Ori, stavolta ti spacco la faccia. Perché questa non è semplicemente insubordinazione, è maleducazione vera e propria! Senza contare che non si può oltraggiare la voragine e passarla liscia: fatti sotto!

ORI Ehi, Capo, guardi un po' che cosa è venuto alla luce mentre orinavo nella sua voragine!

CAPO Ori, non cambiare discorso. Esci da lì sotto e battiti da uomo. *(si alza e dà di boxe)*

ORI Sa battere a macchina, Capo?

CAPO Che macchina?

ORI Una macchina da scrivere. L'avrà buttata nella voragine qualche giornalista passato alla televisione.

CAPO Non fare congetture, Ori. Capace che nella voragine ci trovi pure un televisore. Ciò non significa la fine della civiltà.

ORI O un frigorifero. Ciò non significa che sia pieno.

CAPO *(alludendo alla macchina da scrivere)* Funziona?

ORI Veda un po' lei. *(gli consegna l'oggetto)*

CAPO È tutto bagnato, st'affare. Accidenti a te, Ori!

ORI Porti pazienza. S'asciugherà.

CAPO Avevi ragione: è proprio una macchina da scrivere.

ORI E a che serve?

CAPO Scemo: te lo dice il nome stesso: a scrivere.

ORI E pensare che ci ho pisciato sopra.

CAPO Inavvertitamente, spero.

ORI A me, però, scappava da pisciare, non di scrivere. Né tantomeno di leggere. Leggo solo sulla tazza, Capo, quando il bisogno mi chiama di brutto.

CAPO Pensi come scavi, Ori: da paleolitico. Anteponi i bisogni primari a quelli intellettuali... Preferisci la carta igienica a quella stampata...

ORI E non è un punto a favore della nostra civiltà, l'igiene?

CAPO Ma la civiltà, grandissimo coglione, è nata con l'invenzione della scrittura, non della carta igienica!

ORI Allora ho rinvenuto un reperto preistorico. Quanto potrà valere?

CAPO Non farti illusioni. Questo oggetto è di proprietà della direzione della voragine. Quindi... giù le mani!

ORI Ma l'ho trovato io!

CAPO Ciò che si trova nella voragine è della voragine. Non fare storie.

ORI Maledetta voragine!

CAPO Ti ha dato lavoro per tanto tempo, ti ha dato una macchina da scrivere per esprimrti intellettualmente, e tu ti permetti di trattarla così, a pesci in faccia? E ci pisci pure dentro?

ORI Il lavoro si è bloccato, perché è finita la voragine; e la macchina da scrivere se l'è cuccata la direzione della voragine stessa, anche se non si dirige più un bel niente, dato che non ha più ordini. E per quanto concerne la libertà d'espressione... lasciamo perdere, va', ch'è meglio!

CAPO Adesso ti scrivo un paio di ordini da farti venire la pelle d'oca, cretino!

ORI Che ordini?

CAPO Che ne so... quelli che arriveranno, forse.

ORI E se dovessero arrivare per posta, cioè già scritti?

CAPO Allora li riscrivo.

ORI   Doppia fatica?

CAPO   Se poi dovessero arrivare a voce, per telefono, insomma dall'alto, qualcuno dovrà pure scriverli, cioè metterli nero su bianco, perché tutti gli ordini devono essere nero su bianco. Ed io, che ho il senso del dovere, ce li metto in anticipo nero su bianco. Niente in contrario?

ORI   Non ci sono ordini a colori?

CAPO   Tu lavori troppo con la fantasia, Ori.

ORI   E lei lavora a vanvera, Capo.

CAPO   Ai posteri l'ardua sentenza, Ori.

ORI   Dubito, però, che resterà qualcosa ai posteri dei suoi ordini scritti se non ci mette il foglio dentro.

CAPO   Thò, è vero: scrivevo senza foglio nel rullo. Comico!

ORI   *(sorpreso)* Ho ragione io, Capo? Sarebbe la prima volta che più o meno ufficiosamente mi si attesta qualcosa.

CAPO   Non devi sorprenderti. Il mio motto infatti è: dà a Cesare quel che è di Cesare... e ad Ori, naturalmente, quel che è di Ori.

ORI   Grazie, Capo.

CAPO   Dovere, Ori, dovere. Anche se può essere maledettamente controproducente essere troppo ligi alle regole.

ORI   Suona strano, detto da lei.

CAPO   Rifletti: se tu avessi prolungato ad oltranza i lavori di scavo per guadagnare tempo, adesso ci sarebbe ancora una voragine da finire. E ne avremmo entrambi tratto vantaggio. O no?

ORI   Se non mi fossi sbrigato, Capo, lei mi avrebbe licenziato. O no?

CAPO   Ma se tu avessi fatto solo finta di sbrigarti, io avrei fatto solo finta di licenziarti, ti avrei messo per un po' in cassa integrazione e poi avremmo ricominciato a scavare da qualche altra parte, senza dare troppo nell'occhio. Un cantiere qua, uno là... Avremmo salvato le apparenze, adempiuto alle formalità di rito e ciccia.

ORI   Invece?

CAPO   Invece, tu l'hai presa maledettamente sul serio: di uno scavo qualsiasi, di un semplice scasso, hai fatto un'incolmabile voragine che rischia di farci sprofondare sotto il peso delle nostre reciproche responsabilità civili e penali, se non addirittura politiche.

ORI   Ripeto: l'ordine era di scavare una voragine ed io l'ho scavata.

CAPO   Però ci hai preso gusto a scavare. E le hai toccato il fondo, alla voragine. Perciò non mi resta che licenziarti sul serio. Mi spiace.

ORI   Se non mi mette almeno in cassa integrazione è come se mi mettesse in una cassa da morto.

CAPO   Non darti mai per vinto, Ori. E buona fortuna!

ORI   Si metta una mano sulla coscienza.

CAPO   Ori, è inutile, tutto inutile: la voragine è stata ultimata e gli ordini non arrivano. Io stesso non so che fine farò. Credimi: mi sono dato da fare, ho cercato di inventarmi il lavoro, di darmi da solo degli ordini, ma senza risultati apprezzabili. Quindi, non ci resta che sbaraccare tutto... e cercati un'altra occupazione.

ORI   E lei che farà?

CAPO   Resterò qui, in prima linea, a sorvegliare la voragine.

ORI   E se la richiudessimo? Ci ha pensato a questa soluzione?

CAPO   Abbiamo sudate sette camicie ad aprirla, per poi richiuderla?

ORI   Così, aperta, rappresenta un pericolo: qualcuno potrebbe caderci dentro e rompercisi l'osso del collo.

CAPO   Anche questo è vero.

ORI   E la responsabilità finirebbe per ricadere interamente sulla direzione dei lavori, Capo: cioè, su di lei. Potrà averne delle noie, mi creda. Se non addirittura delle conseguenze più o meno serie.

CAPO   Cominci ad avere ragione un po' troppo spesso, Ori, per i miei gusti.

ORI   Necessità fa virtù, Capo.

CAPO   Certo, se fossi io a comandare, darei disposizioni, cioè ordini in questo senso. Ma purtroppo il mio ruolo è limitato: non posso scavalcare la gerarchia. Proprio no. Almeno credo...

ORI   Però, sarebbe la cosa più ragionevole da farsi in questo momento.

CAPO   Scommetto che chi è preposto a farlo, sarà della nostra stessa idea.

ORI   Non "sarà", Capo: è, è senz'altro.

CAPO   Sì, sì... però non posso prendermi questa responsabilità, è troppo grossa per me... anticipare gli ordini... non se ne parla neppure. Sapessi almeno chi è che comanda potrei richiedere un ordine di servizio!

ORI   Insomma: che ha intenzione di fare?

CAPO   Si aspetta un altro po'. Poi si vedrà. Chi vivrà, vedrà. D'accordo? È chiaro che nel frattempo sei comunque sospeso dallo stipendio.

ORI   Che vuole che le dica, Capo: grazie!

CAPO   Non c'è di che. Ma non avvilirti. L'ordine arriverà in tempo, contaci.

ORI   Sempre che l'ordine non sia di licenziare.

CAPO   Sai che ridere! Sarebbe una bella presa per i fondelli! Ah ah ah!

ORI   Beh, meglio non pensarci. Come dice l'andante: fin che la barca va...

CAPO   Lasciala andare, Ori!

Si siedono sul bordo della voragine. Ori si accende una sigaretta che passa subito al Capo.

ORI   Bello, qui. Non trova?

CAPO   Se non ci fosse la voragine a rendere l'aria malsana, pestilenziale con le putride emanazioni dei suoi nauseabondi liquami... puah, che schifo!

ORI   A me, invece, è proprio la voragine a piacere del panorama.

CAPO   Non ti capisco, Ori. Cioè, capisco che hai bisogno della voragine per tirare avanti la tua grama esistenza terrena, con tutto il terreno che ti tocca spalare per pagare le famigerate scadenze mensili. Ma da qui a considerare la voragine come un esempio di panorama ideale, ce ne corre, sai?

ORI   Lo so. Ma si tratta, purtroppo, di una deformazione professionale. Nella voragine potrei quasi dire di esserci nato e, probabilmente, ci creperò. La voragine si fa sempre più fonda, ma per me è come se fosse sempre la stessa voragine della mia infanzia, una voragine buia e angosciosa priva di qualunque spiraglio, un buco nero, una caverna sul cui fondo si stagliano le ombre di un'irraggiungibile realtà superiore...

CAPO   Irraggiungibile per chi si accontenta; per chi, come te, non vuole raggiungerla, Ori. E se ne resta sul fondo della caverna.

ORI   Lei conosce gli ordini meglio di me, Capo: chiudere ogni spiraglio, ogni via di fuga, impedire qualsiasi possibilità, tarpare le ali, segare gli scalini, tagliare le gambe e scavare, scavare, scavare... Non ho mai avuto altra scelta...

CAPO   È triste, Ori.

ORI   Ammetto di aver coltivato qualche recondita speranza. Spesso mi sono detto: vuoi vedere che la voragine serve per gettare solide basi, le fondamenta dell'avvenire?

CAPO   Ne dubito, Ori

ORI   Anch'io, Capo. Era solo un'idea.

CAPO   Un'idea senza senso. Lasciati servire: io sono pù anziano e ci ho più esperienza di te: ho visto tante voragini e poche, anzi pochissime fondamenta. Sarà pessimismo, ma purtroppo è così, Ori.

ORI   Sarà, Capo!

CAPO   Sarà quel che sarà, Ori.

Il Capo continua a fumare. Ori si asciuga il sudore, si soffia il naso e qualche lacrimuccia. All'improvviso il silenzio è rotto da una voce imperiosa che scandisce da un altoparlante

SCA-TTA-RE!

Tutti e due scattano in piedi.

ORI   Ha sentito Capo?

CAPO   Eccome, Ori. Ci rimettevo per poco i timpani!

ORI   Sarà stato un ordine?

CAPO   Non lo so.

ORI   A me sembrava un ordine.

CAPO   Anche a me sembrava un ordine. Ma, in definitiva, non si può mai sapere. Se noi si ubbidisce e non era un ordine, come la mettiamo, eh?, quando poi arriva quello ufficiale, con tutti i crismi?

ORI   Ma lei, Capo, non sa distinguere un ordine?

CAPO   Un ordine da un altro, sì. Ma un ordine in quanto ordine... è più difficile. Mi spiego: in un certo senso, gli ordini si riconoscono subito, è vero. Ti dicono di fare una cosa o di non farla... eccetera eccetera. Insomma, uno sa subito cosa fare e cosa non fare.

ORI   Bene.

CAPO Ma ora, lo ammetto, sono un po' incerto sul da farsi, non sono sicuro del contenuto dell'ordine che ci è pervenuto, sempre che di ordine si sia trattato. E un ordine che ti lascia nell'incertezza, forse non è un ordine vero e proprio.

ORI E che cos'è allora?

CAPO Questo è il punto. Magari, sì: è un ordine, e se dice "scattare!", noi si fa male a non scattare. Ma comunque non è un ordine come si deve, e ad un ordine non formalmente chiaro si può costituzionalmente disubbidire.

ORI Allora, che facciamo?

CAPO Lasciami pensare.

ORI *(dopo una pausa)* Capo, scusi, a che servono gli ordini?

CAPO Ad obbedire. Un ordine, cioè, viene impartito affinché qualcuno lo esegua.

ORI Elementare.

CAPO Allora, perché me lo chiedi, se già lo sai?

ORI È l'imbarazzo della scelta, Capo: si scatta o non si scatta?

CAPO Ripeto, se fosse un ordine non avremmo problemi a decidere in un senso o nell'altro.

ORI A destra o a sinistra?

CAPO Quelli non sono sensi, bensì direzioni. Ed è qui che sorge la prima logica obiezione. Abbandonando il centro, lasciando la voragine in balia di se stessa, sai che cosa succederebbe? Comincerebbe a regnare il disordine, altro che ordine! E un ordine, appunto, che porta al disordine dev'essere bilanciato da un apposito contrordine. Chiaro?

ORI Quindi non si scatta?

CAPO No, che non si scatta. Non si può scattare, visto che scattando obbediremmo all'ordine ma saremmo da considerare negligenti nei confronti del contrordine che sta certamente (ripeto: puoi metterci la mano sul fuoco) per arrivare.

ORI Ne è sicuro?

CAPO Fidati.

ORI Allora, d'accordo: non si va da nessuna parte?

CAPO No. Si resta al centro, in attesa di ordini più precisi concernenti la voragine. Che sempre una paurosa voragine resta Quindi...

ORI Se lo dice lei.

CAPO Sigaretta?

ORI No, grazie, ho le mie.

CAPO Ecco, appunto, passami una delle tue, se non ti dispiace.

ORI Ti pareva!

Si rimettono a sedere e fumano.
Dalla voragine salta improvvisamente fuori una palla colorata.

CAPO Guarda, Ori, la voragine ha sputato una sfera.

ORI Finalmente qualcosa di serio! Ora sì che si ragiona... *(fa dei palleggi con la palla e la rimanda in buca)* Olé!

Non fa in tempo a voltarsi che dalla voragine schizza fuori nuovamene la palla.

ORI La voragine sta al gioco, Capo. Olè! *(fa nuovamente centro nella voragine)*

CAPO Vuole solo distrarti dai veri problemi, Ori. Non abboccare.

ORI Se spera che mi accontenti di qualche pallonata, si sbaglia di grosso. Ci vuole ben altro per farmi dimenticare la mia condizione. Crede di potermi alleviare la vita con un quiz, una soap opera, una partita di calcio? Certo, sempre meglio di un calcio nel sedere. Ma da qui a perdere di vista la realtà, ce ne corre...

Dalla voragine parte una pernacchia sonora:

Prrrrrrr!

CAPO Chi la fa, l'aspetti, Ori. L'hai trattata come un bagno pubblico ed ora la voragine ricambia il favore trattandoti da scemo!

ORI Ah sì? Ma io ci ho ancora qualche freccia al mio arco! *(si sfila i pantaloni e ci si accovaccia sopra)* Dico bene, Capo?

CAPO   Fai schifo, Ori. Sigaretta!

ORI   *(si ricompone, guarda nel pacchetto)* È l'ultima, Capo.

CAPO   Una di meno, Ori. Un giorno mi ringrazierai...

Si rimettono a sedere e riprendono a fumare. All'improvviso di nuovo la voce:

SCA-TTA-RE!

ORI   Si scatta, Capo?

CAPO   Ti ho già detto di no, Ori. Ti prego vivamente di non insistere.

ORI   Non sono io che insistisco.

CAPO   Ahimé, beata ignoranza! Lo so che non sei tu ad insistere. Però, adesso che ci siamo finalmente dati una linea di condotta, non possiamo rimangiarci tutto per pigrizia mentale o per semplice timore di risultare scomodi a qualcuno. Santoddio! Abbiamo concordato sul fatto che l'ordine debba presentarsi con semplicità e chiarezza, senza mezze misure o zone d'ombra, per poter essere considerato un ordine vero e proprio. Giusto?

ORI   Giustissimo.

CAPO   Allora non possiamo scattare al secondo "scattare", senza essere prima stati costretti a spiegare perché non siamo scattati al primo "scattare", eh!

ORI   Già, perché non siamo scattati?

CAPO   Perché non c'era niente da scattare. Almeno, abbiamo deciso in tal senso. Ed ora dobbiamo attenerci a questa interpretazione, se non vogliamo cadere in grave contraddizione col nostro precedente comportamento, che allora sì che sarebbe irrimediabilmente inspiegabile... non so se mi spiego, Ori.

ORI   Giuppersù, Capo.

CAPO   Così imparano ad impartirci ordini insensati.

ORI   Permetta, però: gli ordini non si discutono.

CAPO   Ehi, ti sei già montato la testa? Hai dimenticato chi è il Capo, qui dentro? Tocca a me giudicare quali sono gli ordini effettivi e quali no... quali, cioè, necessitano di ulteriori dettagli al riguardo o addirittura quelli che sono sfacciatamente inapplicabili o controproducenti.

ORI Basta che dopo non mi venga a rinfacciare che sono stato io che non sono voluto scattare.

CAPO Sei scattato, forse? No. E allora che vai cercando? Tu, comunque, hai disubbidito.

ORI Dietro sua precisa raccomandazione, però.

CAPO Ma se io ti dico di buttarti al fiume, tu che fai?, ti ci butti?

ORI Adesso capisco: vuol farmi prendere in castagna. Lei scatta consigliandomi di non scattare e io ci faccio la figura del lavativo. Ma non ci casco, Capo!, e scatto prima di lei.

CAPO Allora scatto anch'io, buffone.

Si mettono pronti a scattare. Dalla voragine sventola una bandiera rossa.

CAPO *(arrestandosi di colpo)* Cos'è quella, disgraziato?!

ORI Un segnale di falsa partenza, forse.

CAPO Te lo dico io invece: è una bandiera rossa.

ORI Rossa? È solo rosa, Capo, un rosa un po' acceso, d'accordo, ma... non rossa, no! Non si sarebbe mai permessa di sventolare.

CAPO Invece è più rossa della tua faccia tosta. Ora sì che abbiamo toccato il fondo, Ori. Vergogna!

ORI Forse nella voragine c'è il mare agitato e hanno innalzato la bandiera rossa della Capitaneria di Porto per segnalare il pericolo rappresentato dai cavalloni.

CAPO Non prendermi per il culo. Quella non è la bandiera rossa del mare agitato: è la bandiera rossa dell'Internazionale. Cazzo, stavolta lo dico a chiare lettere che sono proprio incazzato come una bestia. E quando vedo rosso io carico come un poliziotto della Celere...

ORI *(giostrando da torero)* Olé, Capo, olé.

CAPO *(lo carica)* Poche storie, Ori: qui siamo alle prese con un anacronismo storico di cui tu sei direttamente responsabile. Ammettilo! *(si ferma per riprendere fiato)* Mi meraviglio di te. Pensavo che il comunismo fosse morto e sepolto e che la voragine fosse appunto la sua tomba.

ORI Invece è ricicciato fuori.

Dalla voragine spunta anche una bandiera nera.

CAPO Mi sembra che stiano ricicciando fuori un po' troppe cose da quella fogna. Provvedi!

ORI Agli ordini, Capo. *(entra nella voragine)*

CAPO E domani porta due pacchetti di sigarette.

ORI Perché due?

CAPO Uno per te ed uno per me.

ORI Grazie del consiglio. Non mancherò.

CAPO Molto bene. *(fischietta per qualche istante)* Hai finito? Insomma, quanto ti ci vuole per seppellire per sempre il comunismo?

ORI Fa resistenza, Capo. Mentalmente non vuol andar sotto terra. Sta perfino cercando di accordarsi con l'economia di mercato.

CAPO Merdosa voragine!

ORI Ed io ci sono dentro fino al collo, Capo.

CAPO Bisogna sapersi adattare ai tempi che corrono, anzi che scattano! Già è tanto poter scavare una voragine. Se poi si tratta di una miniera, di un pozzo di petrolio o di una tomba, sono fatti che non dovrebbero riguardarti. L'importante è che tu ti guadagni la pagnotta scavando, scavando e ancora scavando.

ORI Un tomba, ancora ancora. Ma una fogna no, mi rifiuto. Porco mondo, non me lo merito! Ho un'anzianità di tutto rispetto e mio nonno ha fatto perfino resistenza!

CAPO Partigiano?

ORI No, ubriacone. È stato arrestato cinque volte per molestie e resistenza a pubblico ufficiale. *(mette un piee fuori dalla voragine*

CAPO Che fai? Chi ti ha detto di uscire dalla voragine?

ORI Ho finito, Capo. Quindi, se non le dispiace e, soprattutto, se non ha altri ordini...

CAPO No, per il momento non ho altri ordini... *(ispeziona la fossa)* Bene bene, bravo...

ORI Soddisfatto, Capo? L'ho seppellito come si deve?

CAPO Hai solo fatto il tuo dovere, Ori. Niente di così eclatante. Non ti montare la testa.

ORI Visto che non ha altri ordini, e dato che sono sospeso dalla retribuzione, vorrei sospendermi per un attimo anche dal sudore della fronte. Con permesso!

CAPO Attento, Ori. Il fatto che io non abbia ordini, non giustifica il tuo assenteismo, la tua strafottenza, il tuo scarso attaccamento al dovere.

ORI Mi attacco dove posso, Capo. Basta che non debba, come al solito, attaccarmi al tram!

CAPO Stai ridacchiando sotto i baffi, ti vedo, bastardo!

ORI Non sono baffi, Capo, ma macchie di grasso: si lavora sodo nella voragine.

CAPO A me non risulta. Comunque, staremo a vedere, quando arriveranno gli ordini, Ori. Al tuo posto starei col fiato sospeso. Chissà cosa vorranno da te.

ORI Cosa vuole che possano volere? Farmi scavare un'altra voragine.

CAPO O un'altra fossa comune! Staremo a vedere...

ORI E staremo a vedere!

CAPO Io starò a vedere, tu starai giù nella voragine a fare il tuo dovere.

ORI E sarebbe?

CAPO Non lo so, per ora, Ori. Ma non tarderò a saperlo.

ORI Avere un capo e non avere ordini è la cosa peggiore che possa succedere a chi ha qualcosa di meglio da fare nella vita.

CAPO Perché?

ORI Perché tocca obbedire senza sapere a che cosa. E la vita scorre senza nulla di concreto, di fattivo...

CAPO Intanto obbedisci a me. Questo è il tuo compito nella vita.

ORI Lei non è un ordine, Capo.

CAPO Bada, non si può obbedire ad un ordine senza un Capo.

ORI Però non si può neanche obbedire ad un Capo senza ordini.

CAPO Chi ti dice che non ce li abbia?

ORI Mi sembrava di essere stato chiaro: se li avesse, li avrebbe già impartiti.

CAPO Il guaio è che cerchi sempre il pelo nell'uovo.

ORI Il guaio è che ho ragione.

CAPO Sì, sì, ma con calma, eh?, con mooolta calma, ci siamo capiti? Ci stai prendendo troppo gusto a passare dall'altra parte della barricata. Ad avere ragione. Sta al tuo posto, intesi?! A cuccia! E non farmi incazzare... *(Ori si accuccia come un cane)* Così va meglio, mooolto meglio!

ORI Bau-bau.

CAPO Sei impazzito?

ORI Visto che devo fare la cuccia come un cane, tanto vale abbaiare... Perché non mi tira un osso!

CAPO Aspetta gli ordini, santo cielo. Se ti diranno di fare il cane in tutto e per tutto, sei autorizzato a fare il cane in tutto e per tutto. Anche a scodinzolare e a dare pane e salame a chi ti tira la coda.

ORI E ad alzare la gamba?

CAPO Lontano dalla voragine, però.

ORI È un ordine, Capo?

CAPO Va a farti fottere, Ori.

ORI Ce l'ha forse con me?

CAPO Mi hai messo nei guai, cretino. "Ehi Capo, abbiamo toccato il fondo, ha altri ordini?". E dove li vado a prendere, io, gli ordini, eh?, pezzo d'idiota! Hai messo in discussione il mio ruolo, col tuo comportamento insulso, fatto vacillare la mia leadership. Non dovevi farlo, Ori, non dovevi chiedermi degli ordini che non arrivano. Non ce li ho gli ordini, hai capito?, non ce li ho! E non so come uscire da questa situazione a dir poco incresciosa (per non dire di merda!). Ed anche frustrante, per me, che ti credi?

ORI Povero Capo!

CAPO Sono stanco, Ori, di fare il Capo.

ORI Lei è stanco di comandare ed io di ubbidire. Siamo pari, Capo.

CAPO Sì, siamo pari, Ori.

Dopo una breve pausa, tuona nuovamente la voce:

SCA-TTA-RE!

ORI   Accidenti, non dovevamo rilassarci, dovevamo stare più sul chi vive. Prevedere, prevenire.

CAPO   Ci lasciano un po' di briglia e poi, all'improvviso, tirano le redini con forza inaudita. Bastardi!

ORI   Già! Non si fa in tempo a godersi un po' di sana anarchia, di autarchico caos, quando all'improvviso dal disordine spunta l'ordine di scattare. Le sembra giusto?

CAPO   No, Ori, la faccenda di scattare fa girare le palle e accapponare la pelle anche a me.

ORI   Io non scatto.

CAPO   Io neppure.

Tuona nuovamente, più forte la voce:

SCA-TTA-RE!

ORI   Maledizione! Stavolta fanno proprio sul serio, Capo!

CAPO   Davvero! Pare che lassù, in alto, molto ma molto in alto, si comincino a fare le cose in grande. Era ora!

Si ode lo schiocco di una frustata.

ORI   Ho paura, Capo.

CAPO   Scatta, Ori, scatta! *(comincia a correre sul posto, senza muoversi, anzi procedendo lentamente indietro verso la voragine)*

ORI   Che fa, Capo, scatta alla rovescia?

CAPO   No, Ori, sto cercando di sfuggire alla forza di attrazione proveniente nientepopodimenocheeeeeee dalla voragine. Ma non ci riesco! È impressionante quanti chilotoni riesce a produrre un buco come quello! Gli stiamo andando dritti dritti in culo, Ori! Non te ne accorgi?

ORI   Ora la sento, ha preso anche me. Provo a scattare, Capo, vediamo che succede... *(comincia a correre anch'egli, però, procedendo indietro verso la voragine)*

CAPO Ci stiamo specializzando in una nuova disciplina: i cento metri alla rovescia.

ORI Quali cento metri? Tra pochi centimetri finiremo inghiottiti dalla voragine!

CAPO Corri, Ori, corri.

ORI Capo, non si attacchi a me... Mi spoglia!

CAPO Sotto terra non avrai più bisogno di vestiti, Ori.

ORI Accidenti, mi si è consumata la suola delle scarpe e le piante dei piedi stanno cominciando a fare attrito sul terreno. Come bruuucia!

CAPO Aiuto, Ori!

ORI Precipitiamo, Capo! È disdicevole, ma, purtroppo, è così.

CAPO Vaffanculo, Ori! Non avevi detto che, una volta toccato il fondo, non si poteva cadere più in basso?

ORI Io?

CAPO Sì, tu, proprio tu: me lo ricordo benissimo.

ORI Può darsi, dico tante cose io.

CAPO Coglione! Se avessi saputo come stavano effettivamente le cose, avrei dato qualche ordine per porvi rimedio, che so? Avrei fatto predisporre qualche materasso sul fondo per attutire l'impatto.

ORI Siamo in bilico, Capo.

CAPO Buttati prima tu. *(lo spinge nella voragine)*

ORI Aaaaaah! *(scompare nella voragine)*

CAPO Così impara a fare i buchi più grandi di lui! *(dalla voragine spunta la mano di Ori che lo afferra per le caviglie e lo fa cadere a sua volta)* Aaaaah!

La scena resta vuota. Compare un cartello umano a sinistra con su scritto:

INTERRUZIONE VIDEO E AUDIO

SUL COLLEGAMENTO INTERNAZIONALE

CI SCUSIAMO PER L'INTERRUZIONE

LO SPETTACOLO RIPRENDERA'

IL PIU' PRESTO POSSIBILE

ATTO SECONDO

Ori dà un ultimo colpo di vanga e poi si asciuga il sudore con un fazzoletto colorato nel quale si soffia anche il naso prima di ripassarselo sulla fronte.
Poi con calma si siede ed estrae un pacchetto di sigarette.

ORI Casa fatta, Capo ha!

Ori fa per accendersi la sigaretta, ma compare il Capo. È imbronciato.

CAPO Beh, che cosa sta succedendo qui?

ORI Niente, Capo.

CAPO Come niente?

ORI Non sta succedendo niente, Capo.

CAPO Lo so, Ori lo vedo. Anzi: ti vedo. Infatti non stai facendo niente, alias te la prendi comoda.

ORI Alias?

CAPO È un'interiezione sindacale, scioperato.

ORI Sono contrario all'alias, ecco tutto. Qualunque cosa sia.

CAPO Ed io sono contrario al fumo.

ORI Anche all'aria aperta.

CAPO Ma chi se ne frega dell'aria aperta: non durante l'orario di lavoro!

ORI È solo una piccola pausa sigaretta, Capo.

CAPO Pausa-sigaretta? Hai già goduto la pausa-capppuccino, la pausa-aperitivo, la pausa-pranzo, la pausa-caffé e ammazzacaffé. Mentre la pausa-sigaretta non è contemplata.

ORI Io me la prendo lo stesso.

CAPO Però rinunci in compenso alla pausa-merenda, vero?

ORI D'accordo, la salterò. Tanto non c'è più nulla da fare.

CAPO Come dici, Ori?

ORI Che ho appena finito di scavare la voragine: guardi che buco.

CAPO Finito?

ORI Fi-ni-to.

CAPO Quanto sei ingenuo Ori.

ORI Perché, Capo?

CAPO Perché una voragine non la si finisce mai di scavarla: più la scavi e più essa si avvicina a ciò che dovrebbe essere: fonda.

    ORI Beh, io l'ho finita.

CAPO Quando?

ORI Poco fa.

CAPO Non potevi avvertirmi?

ORI L'avrei fatto: subito dopo la sigaretta.

CAPO Quindi io, vengo, nella tua lista delle priorità, dopo la pausa-sigaretta?

ORI Anche dopo la pausa-caffé se è per questo.

CAPO Lasciamo stare. Che ne diresti di scendere giù a dare un'occhiatina?

ORI Se proprio insiste: si accomodi pure.

CAPO Vai pure avanti tu, Ori, io ti seguo immantinente,..

ORI No. Niente immantinente. Fossi matto!

CAPO Ori, smettila di contraddirmi. Lo sai che non ti conviene. Scendi nella voragine. È un ordine. E quando io ti dò un ordine, tu devi ubbidire, volente o nolente. Ossia immantinente. Cioè subito, seduta stante, su due piedi e senza battere ciglio. Intesi?

ORI Prima lei, Capo. Si accomodi pure.

CAPO Insomma! Perché prima io?

ORI Ha la precedenza su di me. "Capo" infatti è non è forse sinonimo di "colui che viene prima di tutti gli altri"? Si regoli di conseguenza.

CAPO Che viene prima, non che scende per primo nella voragine. Documentati! Così è scritto nel mio regolamento e nel tuo contratto di assunzione: Ori scende sempre per primo...

ORI E risale inesorabilmente per ultimo.

CAPO Giusto. Visto che qualcosa la sai? Ora impara anche cosa significa essere Capo. Una fatica, Ori, che non ti dico.

ORI Me lo immagino. Io, purtroppo, so solo cosa significa essere Ori, porca miseria!

CAPO Davvero? E cosa significherebbe essere Ori secondo te? Su, coraggio! Illuminami pure. Sorprendimi, se ne sei capace, con qualcosa di intelligente che chiarisca chi sei a te e perché lavori nella voragine a me.

ORI Ori viene da Oreste, Capo. Scommetto che non lo sapeva.

CAPO Non viene da orina? Ne sei proprio sicuro?

ORI No, Capo. Ori viene da Oreste e non da Orina. Ne sono proprio sicuro, caspita!

CAPO Strano. Dall'odore non si direbbe... puzzi come una latrina, Ori. Quanto tempo sei stato chiuso nel cesso aziendale a farti i cavoli tuoi, eh?

ORI Giusto il tempo di leggere sulla "Settimana enigmistica", - e me lo sono mentalmente appuntato nel caso in cui mi chiamassero al telefono per rispondere a qualche domanda di un quiz televisivo, - che Oreste è il figlio ultimogenito di Agamennone e di Clitennestra...

CAPO Addirittura.! Ecco a cosa servono i bagni pubblici: a fare acculturare il popolino come te che sogna di risolvere i propri drammi quotidiani con la partecipazione ad un gioco volgare. Mi fai pena Ori, Oreste od Orina che dir si voglia.

ORI Ori viene solo da Oreste, Capo. Fratello di Elettra...

CAPO Allora dovevi fare l'elettricista specializzato, Ori, e non il manovale generico. Ad uno come te infatti non si sa mai cosa chiedere: luce? Acqua? Gas ? Opere in muratura? Giardinaggio? Sei buono solo a scavare voragini, Ori. Questa è l'amara verità della tua inutile condizione esistenziale. Uffa!

ORI Scusi, Capo, cosa intende lei per "condizione esistenziale"?

CAPO Sto parlando di te, stupido, della tua vita. Non lo capisci?

ORI Cos'ha per lei la mia vita di tanto interessante da impicciarsene continuamente?

CAPO Niente, appunto. Ma una cosa di te non mi va proprio giù, Ori.

ORI Che mi rifiuto di andare giù per primo, Capo?

CAPO Anche. Ma mi riferivo in particolare alla tua inattendibilità professionale.

ORI Per esempio?

CAPO La verità è che tu sai un po' di tutto così così, all'incirca e niente di ben approfondito. Insomma ti arrangi come puoi sia nella vita che nel mestiere. Disastro! Catastrofe! Pasticcione!

ORI Chi, io?

CAPO Sì, Ori, proprio tu. Apprendi disordinatamente, qua e là, qualche nozione nella speranza di saper rispondere ad un quiz miliardario o di riuscere a risolvere un serio problema tecnico con qualche sonora quanto semplicistica martellata. Il che però pregiudica il tuo rendimento lavorativo. Già, perché se usi la pala, sei meglio con la zappa. Se usi la zappa, sei meglio con la vanga. E se poi uno ha la bruttissima idea di metterti in mano addirittura un misero cacciavite, per qualche riparazione volante nonché urgente, allora ti dimostri impareggiabile solo col seghetto. Scavi voragini ma, ahimé, purtroppo sei tu stesso un'inarrestabile frana. Quindi mettiti l'anima in pace, dimenticati di Oreste– che non fa proprio per te –, di tua sorella Orina…

ORI Elettra! Fu trasformata da Zeus in una cometa dopo la caduta di Troia…

CAPO Caduta di Troia! Da tua sorella non potevo aspettarmi di meglio, Ori.

ORI Ma Capo…

CAPO Niente ma! Deciditi a scendere per primo in questa maledetta voragine che, per altro, hai appena finito di spalare con tanto di eccessivo accanimento. Spiace ricordarlo!

ORI Eccessivo?

CAPO Vergognati, Ori. Non si fa così. In fin dei conti ne va dell'interesse comune: tuo che scavi e mio che ti dò l'ordine di scavare. È imbarazzante doverti continuamente coprire le spalle, parare il culo per non finire io stesso, a causa della tua scempiaggine umana e artigianale, col sedere per terra! E che figura ci faccio, io, con la direzione della voragine quando mi scavi una voragine del genere laddove andava praticato appena un forellino nell'asfalto per far passare solo due misere condutture di scarico? Perché di fogna doveva trattarsi, Ori, Oreste od Orina che dir si voglia, non di un tempio sotterraneo a qualche tua occulta divinità del mondo del lavoro.

ORI Amen!

CAPO Va, va in pace nella voragine, Ori. Per il momento credo di averti catechizzato abbastanza. Che c'è Ori? Non ti basta? Perché mi guardi con quell'aria da interrogativo vivente? Dio mio, sei un osso più duro del fondo della voragine.

ORI Permette una parola, Capo?

CAPO Purché sia una, Ori.

ORI Prerogativa di un Capo che si rispetti, fino a prova contraria, è quella di dare il buon esempio.

CAPO E con questo, che cosa vuoi dire?

ORI Lei è sicuro di essere un Capo che si rispetti?

CAPO Certo che mi rispetto. Ci mancherebbe che non rispettassi me stesso.

ORI E allora dia il buon esempio come prescrive la più consolidata delle prassi.

CAPO E come?

ORI Semplice: scendendo prima di me nella voragine.

CAPO Questo secondo te sarebbe "dare il buon esempio"?

ORI Oh sì.

CAPO Povero Ori, quanto sei ingenuo. Le cose, vedi, non sono così semplici come credi. Perché, mio caro, non sono io a tirarmi indietro. Scenderei volentieri prima di te, non fosse altro che per dimostrarti che non ho paura del buio. È piuttosto la coscienza di esserti indispensabile in qualità di primo tuo referente, a farmi procedere coi piedi di piombo. Comprendi? Lo faccio per il tuo bene a non scendere per primo. Dovresti ringraziarmi. Eh, ma purtroppo la gratitudine non è di casa nel tuo cuore duro come una pietra... Dopo di te, Ori.

ORI Niente paura, boss. Morto un Capo, se ne può comodamente fare un altro. Vada, vada pure, si accomodi, dopo di lei... Non si preoccupi per me: qualunque cosa accada, posso benissimo fare temporaneamente a meno di un Capo. Del resto, l'unico ordine che lei è stato in grado finora di impartirmi è ormai diventato più che monotono: scavare, scavare, scavare e ancora scavare. Neppure si è accorto che stavamo toccando il fondo!

CAPO Accetto la tua provocazione. Ma rifletti. Così come si può sostituire un Capo come me, a maggior ragione si può sostituire uno scavafosse come te. Come vedi la tua testardaggine ci ha cacciati in un vicolo cieco. Contento?

ORI Cioè?

CAPO È una penosa quanto pericolosa situazione di stallo ai margini della voragine, Ori. Potrebbe franarci da un momento all'altro il terreno sotto i piedi. E allora, con chi ce l'andiamo a prendere? Non so tu, ma io dovrò prendermela per forza con te.

ORI   E perché?

CAPO   Perché io ho il dovere di ispezionare la voragine così come tu hai il preciso dovere di darmi il via libera per l'ispezione. Ti vada o non ti vada!

ORI   Facciamo a testa o croce per chi scende per primo?

CAPO   Neanche per sogno. Non intendo affidare una mia decisione alle bizzarrie del caso, Ori. E tantomeno al gioco d'azzardo. Inoltre, dico che se tu che l'hai scavata non vuoi precedermi, significa che sei tu stesso il primo a non fidarti del tuo lavoro. Hai lavorato secondo le mie direttive, Ori?

ORI   Ma certo!

CAPO   Non è che ti sei inventato qualcosa di strano?

ORI   Inventarmi qualcosa io? E chi me lo fa fare!

CAPO   Bene! Dimostrami allora la tua buona fede andando in avanscoperta.

ORI   No, no, e poi no. Ho paura del nulla, Capo.

CAPO   Non avrai scavato tanto, spero. Al nulla non ci sei sicuramente arrivato. Quindi: scendi immediatamente nella voragine! Ripeto; è un ordine, non un consiglio d'amico che magari è interessato a mandarti in ferie per un po' per spassarsela con tua moglie....

ORI   Che c'entra adesso mia moglie, Capo!

CAPO   C'entra, per Dio! Infatti io non ti sto invitando a comportarti come un eroe greco, come il tuo omonimo: chiederei troppo! E neppure come l'uomo che non sci. Ma solo come un buon operaio che la sera torna a casa dalla moglie, che nel frattempo se l'è spassata con un altro, per ricevere un bacetto in fronte e gli avanzi del pranzo.

ORI   Queste sono pure illazioni prive di fondamento: la sera infatti non mi mangio gli avanzi, piuttosto cucino io.

CAPO   Tira fuori le palle, Ori. Altrimenti sei fottuto! Io ti licenzio e tua moglie non ti fa trovare nemmeno gli avanzi. E tu sai a quali particolari avanzi mi sto riferendo!

ORI   Maledetta voragine.

CAPO   Poche storie, Ori. Da che mondo è mondo la catena gerarchica trasmette gli ordini. I capi comandano e gli operai semplici come te ...

ORI   La prendono in culo.

CAPO Ecco, vedi?, conosci il ritornello. E magari ti piace pure prenderla in quel posto, non si sa mai con chi si ha a che fare. Che ne dice tua moglie, eh?! Beh, si sa, chi si contenta... gode! Ah ah ah!

Ori si affaccia nel buco ritraendosi inorridito.

ORI Porco mondo!

CAPO Non prendertela col mondo, Ori, ché non ti ha fatto ancora nulla di veramente brutto, doloroso.

ORI Ancora nulla? Bella consolazione... Chissà cosa deve farmi ancora, il mondo, per completare l'opera di demolizione di un essere umano. Si accanisce contro di me da una vita. Mai uno spiffero di speranza, uno spiraglio di luminoso futuro. Sa cos'è per me il domani?

CAPO Posso immaginarlo. Una scadenza di pagamento rateale.

ORI O una bolletta.

CAPO Che banalità!

ORI L'eccezionalità sta nel riuscirla a pagare alla scadenza. Accidenti a me, sono sempre in bolletta!

CAPO Non borbottare. Tutto sommato, nessuno ti sta ancora demolendo a dovere. Il mondo ha infatti deciso di darti solo un primo, piccolo assaggino della sua cattiveria. Ti si sta lavorando di fioretto, le bombe vere e proprie devono ancora caderti sulla zucca!

ORI Non sto borbottando: sto solo maledicendo il giorno in cui sono nato.

CAPO Potevi pensarci prima. Ora è troppo tardi.

ORI Purtroppo lo so. Devo scendere nella voragine.

CAPO Finalmente ci siamo decisi.

ORI Ci siamo, Capo? Usa il plurale?

CAPO Non ti attaccare a queste sottigliezze sintattiche, Ori. Non potrebbero sor-reggere il non indifferente peso della tua grassa imbecillità. Piuttosto, sta attento ad attaccare bene le corde della scaletta, mi raccomando! Non vorrei infatti che ti facessi male scendendo, Ori. Perché in tal caso non potrò di certo esimermi dal farti recitare il "mea culpa, mea culpa, mea maxima culpa". Va, Ori, va pure: hai la mia benedizione aziendale e tutta la mia comprensione umana e professionale . Che vuoi di più? Eh, che vuoi? Perché te ne stai fermo lì come un palo di quella sorella del tuo omonimo, come si chiama, Oreste...

ORI Elettra?

CAPO Veramente volevo dire della luce. Ma Elettra mi sembra ancora più appropriato al concetto di palo. Bravo, Ori, fai progressi. Muoviti però, non stare fermo, diamine!

ORI Insisto a dire che la mia unica colpa è quella di essere venuto al mondo.

CAPO Ori, che palle! , ci sono venuto anch'io. E come me, altri miliardi di esseri umani che se la prendono più o meno giustamente con chi li ha creati. I quali, e sto parlando dei nostri cari genitori bada bene, sono essi stessi purtroppo per loro e per noi venuti a calpestare questa valle di lacrime eufemisticamente definita "faccia della terrra". Che però è solo una maschera di carnevale dietro cui un mostro tentacolare cela le proprie terribili sembianze.

ORI . Non lo lasci aleggiare nelle nebbie dell'indefinito. Coraggio, dìa nome e cognome a questo mostro.

CAPO Sì, e magari vuoi anche l'indirizzo e il numero di telefono!

ORI La vita fa già abbastanza schifo per conto suo: non mi ricordi anche la bolletta del telefono, Capo! La prego, è scaduta.

CAPO Davvero? La vita fa schifo ed il telefono è caro? Ti dò senz'altro ragione, Ori. Epperò aggiungo: cui prodest? Cioé: a che serve prendersela tanto?

ORI Serve serve... Quando uno ne ha piene le tasche come me...

CAPO Tu, piene le tasche? Non farmi ridere. Quando mai! ?

ORI In senso lato, Capo.

CAPO Ah! Comunque devi renderti conto che non stai dicendo nulla di nuovo con le tue giustificate ma troppo aleatorie lamantele. Perché, come si dice?, mal comune mezzo gaudio. Fatti quindi una ragione del tuo esistere, così come se la devono fare gli altri, io per pri... Lasciamo perdere! ! ! Mettiti insomma l'anima in pace e non seccarmi più con queste sciocchezze che passano non appena ti riuscirà di bere un confortante sorso alla fonte della vita..

ORI Sembra facile! Ma il rodimento interiore è troppo forte per sedarlo con un bicchier d'acqua a questa fontanella o con un cordialino al bar.

CAPO Preferisci forse una botta in testa?

ORI Mi dìa pure quella ed il quadro della mia disfatta sarà completo.

CAPO Non ti abbattere. Io spero solo che il mio discorsetto abbia un po' risollevato il tuo stato d'animo alquanto scoraggiato (e scoraggiante, credimi!) affinché tu possa ora scendere, non dico alleviato, ma almeno spiritualmente alleggerito giù nella voragine.

ORI Piano piano comincio a stancarmi dei suoi giochi di parole.

CAPO Giochi, li chiami? Ebbene, se vuoi saperlo, io comincio invece a stancarmi della tua povertà, che dico, assoluta mancanza di spirito. Non è soddisfacente, sai?, per un Capo come me comandare un musone intristito e cornuto come te.

ORI Cornuto e mazziato, Capo. Qui ha proprio ragione!

CAPO Come vuoi, Ori. Non c'è problema. Buona voragine!

ORI Buona voragine anche a lei, Capo.

Musica. Buio.

ATTO TERZO

L'interno di una voragine. Audio: sinistri rumori di sottofondo. Dall'alto Ori cala una scaletta di corda.

CAPO A che punto siamo, Ori?

ORI Sto per scendere.

CAPO E allora scendi. Che aspetti? Non abbiamo l'intera giornata davanti a noi.

ORI Sono assicurato, Capo?

CAPO Non rompermi i coglioni, Ori. Scendi. Capisco il tuo bisogno di sicurezze e ammortizzatori sociali. Ma il troppo storpia.

ORI Ma se mi rompo l'osso del collo, storpio ci resto io. Per sempre!

CAPO Ce l'hai il caschetto sulla zucca? Sì? E allora è tutto in regola. Qualsiasi cosa succeda, non potrà essere statisticamente considerata un ennesimo caso di omicidio bianco, bensì un banalissimo incidente sul lavoro di cui è piena la cronaca quotidiana. Non farti impressionare, Ori, da quello che succede negli altri cantieri: qui comando io.

ORI È proprio questo a preoccuparmi, Capo.

CAPO Se ti dico che non ti succederà nulla, non dovrebbe teoricamente succederti nulla. Fidati

ORI Vada a raccontarlo ai miei creditori. Se si fidano loro…

CAPO Quanto la fai lunga!

ORI Non sono io, è la scaletta ad essere lunga un accidente che se la porti…

CAPO È lunga adesso perché hai scavato troppo prima.

ORI E ci ho pure troppi creditori, Capo. Quasi quasi mi conviene nascondermi per sempre qua sotto.

CAPO Non dire sciocchezze. I creditori verrebbero a chiedermi tue notizie.

ORI E lei gliele darebbe? Mi tradirebbe? Risponda: non mi lasci in sospeso.

CAPO Ti ho assunto io, quindi hai un debito di riconoscenza nei miei confronti.

ORI Che significa?

CAPO Significa che anch'io sono un tuo creditore, mio caro. E dove scappi?

ORI Però non le devo del denaro.

CAPO Era una iperbole, Ori.

ORI Meglio che non le chieda cos'è un'iperbole: ho un pessimo presentimento in proposito.

Ori comincia la discesa.

CAPO Tieniti i tuoi dubbi linguistici. Piuttosto… Quando arrivi al dunque fammi un fischio.

ORI Al dunque?

CAPO È un modo di dire, bestia. Non li conosci i modi di dire? Non te li hanno insegnati a scuola?

ORI Beh, non tutti.

CAPO Già è tanto se capisci la mia lingua.

ORI Non è una questione di lingua, Capo, bensì di linguaggio. Non siamo sulla stessa lunghezza d'onda, per questo stentiamo a capirci nell'ambito della comunicazione verbale. Usiamo insomma codici espressivi distinti ancorché simili. Io parlo da Ori e lei da Capo.

CAPO Ori, questa non è farina del tuo sacco. L'hai sicuramente sentita nel corso di qualche riunione sindacale. Ma devi capire che si tratta soltanto di frasi fatte, ad effetto, di cui non comprendi bene il significato e che ti sono state sobillate ad arte per confonderti ancora di più le tue già meschine idee.

ORI Veramente mi ha confuso più lei col suo stupido "dunque".

CAPO Stupido? Questa me la segno…. (scrive su un taccuino) Comunque, per tua norma e regola, intendevo questo: non appena arrivi sul fondo, cioè al dunque, al culmine della tua discesa, fammi un fischio. Hai capito adesso? Un puro e semplice fischio. Fischio! Fondo e fischio! Chiaro?

ORI Alla pecorara?

CAPO Un fischio qualsiasi, porco cane!

ORI Fischio... cane. Capito.

CAPO Non hai capito un bel cazzo di niente Ori. È a me che devi fare un fischio e non al cane. E nemmeno al cazzo. A me, intesi?

ORI Intesi.

CAPO Era ora. *(tra sé)* Certe volte per smuoverlo mentalmente ci vuole il carro-attrezzi. Quanto mi fa incazzare quando si comporta così! Peggio di un mulo!

Ori arriva sul fondo. Si guarda intorno intimorito.

ORI *(tra sé)* Lo dicevo che a fidarsi del Capo c'è solo da prenderla in quel posto.

CAPO Allora?

Ori prova ad emmetere un fischio, che però non gli riesce. Allora comincia a fischiettare esilmente. Dopo qualche istante il Capo si stufa dell'attesa e protesta.

CAPO Insomma Ori, ci sei arrivato a questo cazzo di fondo, sì o no?

ORI Sì, Capo, ci sono arrivato.

CAPO E perché non fischi come stabilito?

ORI Non mi esce il fischio alla pecorara perché mi tremano le labbra dalla strizza. Così, per volermi comunque attenere scrupolosamente ai suoi ordini, mi sono messo a fischiettare come... come un pettirosso. Perdoni l'espressione poetica.

CAPO I pettirossi cinguettano, non fischiano, romanticone!

ORI Che differenza c'è?

CAPO Tra un fischio alla pecorara e un cinguettio da pettirosso c'è una bella differenza, Ori. Pretendi che quassù giunga un così timido richiamo? Sai perché si chiamano pettirossi? Perché quando emettono il loro richiamo sessuale arrossiscono dalla vergogna. E tu? Non ti vergogni ad imitarli così spudoratamente? Guarda che te la faccio passare io la voglia di prendermi in giro...

ORI Ma io non stavo emettendo un richiamo sessuale, stavo solo chiamando lei.

CAPO Ci mancherebbe che tu richiamassi la mia attenzione con un volgare richiamo sessuale, magari nella speranza che abbocchi all'amo e mi metta a cinguettare a mia volta al tuo indirizzo. Non metterti in testa strane idee, neh!

ORI Maledetti tutti i capi e chi ce li ha messi.

CAPO Ho sentito benissimo: ora ti faccio rapporto. Hai detto che tutti i capi sono "fessi".

ORI Ho detto " messi" e non "fessi", Capo. Anche lei infatti sarà stato assunto da qualcuno… È con lui che ce l'ho, con chi ce l'ha messa sopra di me, non certo con il mio superiore diretto.

CAPO Lo vedi quanto sei stupido? Io ti sto sopra non perché qualcuno mi ha messo sopra di te, ma perché tu sei sceso sotto di me.

ORI Nella voragine?

CAPO Esatto.

ORI Beh non ci sono sceso di mia volontà.

CAPO Ti ho forse spinto laggiù? No, Ori, io ti ho semplicemente convinto facendo uso di tutta la mia intelligenza che supporta la mia alta autorità. La mia superiorità.

ORI Mi riferivo appunto alla sua funzione, Capo. Non alla sua attuale posizione predominante.

CAPO Il che però non ti esime dal fatto che quando devi chiamarmi, visto che non sai neppure fischiare, potresti usare la voce.

ORI Mi aveva detto lei di fischiare, Capo.

CAPO Ma se io ti dico di buttarti nella voragine, tu che fai, ti ci butti davvero?

ORI Capo, adesso torno su e la prendo a cazzotti!

CAPO No, Ori, ora che sei giù non c'è bisogno che torni su. Non devi dimostrarmi niente. Evita atti di forza, come quello di uscire dalla voragine senza autorizzazione, di cui poi potresti pentirti amaramente. Casomai scendo io per abbassarmi al tuo livello.

ORI Si sbrighi a scendere allora: è quasi pausa pranzo.

CAPO Pensi sempre a mangiare, Ori?

ORI   Quando è ora, sì.

CAPO   Reggimi la scaletta, Ori. È un ordine perentorio.

Il Capo inizia la discesa.

ORI   D'accordo. Ma a me non l'ha retta nessuno quando sono sceso io. Mi sono sentito talmente campato in aria da dubitare della mia stessa coscienza di classe. Perché un operaio senza coscienza di classe è come un acrobata sospeso nel vuoto.

CAPO   Facciamo così: quando si risale, risalgo prima io. Così siamo pari. E il regolamento è rispettato. Contenta la tua coscienza di classe?

ORI   Bel regolamento: è stato sicuramente scritto da un Capo come lei.

CAPO   E che vuoi dire con questo? Che non è abbastanza imparziale?

ORI   Voglio dire che, gira gira, siamo sempre noi a prenderla in culo.

CAPO   Non ti lamentare, Ori. Non stuzzicare la voragine coi tuoi piagnistei pseudoidelogici. E poi quella della coscienza di classe è una favola a cui non crede più nessuno. Nemmeno tu. Gli operai come te si sono imborghesiti, si sono piazzati armi e bagagli nella voragine e sostengono di trovarcisi pure bene.

ORI   Contenti loro!

CAPO   Tu non ti trovi bene nella voragine, Ori?

ORI   Non lo so: devo prima provare.

CAPO   Siamo qui per questo: per ispezionare, provare, collaudare ed approvare la voragine. Niente da obiettare?

ORI   No. Non ancora.

CAPO   Meglio così.

ORI   Però…

CAPO   Ah ah! Non ti permettere, neh?!

ORI   Come non detto, Capo.

Il Capo raggiunge Ori sul fondo della voragine..

CAPO Questo, dunque sarebbe il fondo della voragine.

ORI Dunque.

CAPO Dunque, cosa? Sei scemo?

ORI Lei può dire dunque, ed io no?

CAPO Macché dunque e dunque! Ragguagliami piuttosto, idiota che non sei altro!

ORI Prego?

CAPO Ti ho mandato in avanscoperta sì o no?

ORI Se lo dice lei.

CAPO E tu che cosa hai scoperto in avanscoperta, disgraziato?

ORI Che non è stata una buona idea, Capo, quella di scendere nella voragine.

CAPO Non avevamo altra scelta. E poi qui sotto non si sta tanto male. Non trovi?

ORI Boh, non si vede niente…

CAPO Peccato: mi sarebbe piaciuto vedere com'è fatta davvero una voragine dentro.

ORI Posso tornare su?

CAPO Perché tanta fretta? Hai forse qualcosa da nascondere?

ORI Chi? Io?

CAPO Temi che mi accorga che hai eseguito maldestramente, in fretta e furia, lo scavo della voragine?

ORI Il buco c'è, è tutto quanto davanti ai suoi occhi. In lungo e in largo.

CAPO Ma se l'hai ammesso pure tu che non si vede niente!

ORI Appunto, non si riesce a scorgere la fine. Che vuole di più!?

CAPO Si fa presto a dire buco. Ma c'è buco e buco, Per esempio…. Ori?

Dalle viscere della voragine giungono rumori sinistri.

ORI Sì, Capo?

CAPO   Cosa sono questi rumori? Che mi rappresentano?

ORI   Non lo so Capo. Forse un rigurgito.

CAPO   Un rigurgito? De-della vo-voragine?

ORI   Fifa?

CAPO   No. Semplice cautela.

ORI   Beh, ora capisce perché non volevo scendere per primo.

CAPO   E perché mi hai fatto scendere per secondo?

ORI   Perché lei è il Capo e deve pur capacitarsi, cioè rendersi conto di cosa succede nella voragine.

CAPO   La voragine, Ori, è di mia competenza per quanto concerne l'ordine dei lavori, i turni e gli avvicendamenti del personale. Ma l'interno della voragine è più propriamente opera tua e ricade dunque – qui il dunque ci vuole – sotto la tua diretta responsabilità. Se la voragine infatti dovesse – facciamo pure quante corna vuoi - improvvisamente crollare, chi credi che ci vada di mezzo? Io che mi sono fidato di te o tu che hai goduto della mia totale fiducia?

ORI   Boh!

CAPO   Cavernicolo troglodita: sei fatto proprio ad immagine e somiglianza di questa fottuta voragine, anzi, sai che ti dico? Siete fatti l'uno per l'altra!

Dalle viscere della voragine giunge una fiammata.

ORI   Permette una domanda, Capo?

CAPO   Veramente in questo momento cruciale della mia esistenza accetterei solo risposte, ma se non puoi farne a meno… spara.

ORI   Pensa che sia stata una buona idea, Capo?

CAPO   Quale, Ori? Detesto rispondere ad una domanda con un'altra domanda: significa o che tu ti sei espresso male o che io non ti ho capito bene. Che cosa volevi dire?

ORI   Chiedevo se per lei sia stata una buona idea quella di scendere nella voragine.

CAPO   Se non lo sai tu che l'hai scavata con le tue mani! Dovresti conoscerla come le tue saccocce.

ORI Ho solo contribuito all'impresa. Da solo, non ci sarei mai riuscito. La mia conoscenza della voragine è limitata alla fase di sterro vero e proprio. Ma una voragine così non si costruisce per caso: dev'esserci alla base un progetto preciso, un senso, un'idea che a me non può che sfuggire nella sua complessità. Io ho solo eseguito a puntino le sue direttive. Lei mi diceva di scavare e io scavavo. Come un ossesso.

CAPO Beh, almeno adesso puoi renderti conto di aver un po' esagerato.

ORI Un po'?

CAPO Eh sì! Hai eseguito il compito coscienziosamente, questo è vero, e meriti pertanto un encomio. Tuttavia...

ORI Tuttavia?

CAPO Hai finito prima del previsto, Ori, mettendomi nei guai. Cazzo!

ORI Spiacente.

CAPO Che se ne fa la Direzione della Voragine di una voragine terminata in anticipo?

ORI Qual era il termine previsto per l'ultimazione, Capo?

CAPO Boh! Non me lo hanno mai detto.

ORI Come sarebbe? Lei è il Capo e non le hanno mai comunicato ufficialmente quando andava effettuata la consegna della voragine?

CAPO Io non sono il Capo assoluto, Ori, sono solo il tuo Capo. Un capetto!

ORI Ma io un capetto ce l'ho, e sta sulle spalle.

CAPO Quella si chiama capa ed è pure tosta come una pietra.

ORI È vero. Io le cose non le mando certo a dire.

CAPO Io sì. È il mio compito. Per esempio: dite ad Ori di scavare. Ditegli di smettere...

ORI Di smettere veramente non me l'ha mai mandato a dire. Se n'è dimenticato. Ed io ho continuato, imperterrito, giorno e notte, a scavare trascurando perfino i miei doveri coniugali.

CAPO Colpa tua, Ori, se la voragine si è trasformata in un mostro e tua moglie ti ha cornificato.

ORI Non è una novità, Capo.

CAPO Certo. Hai esagerato. Anche l'eccessiva dedizione al dovere può essere contro-producente, come fare l'amore ventiquattr'ore al giorno, sette giorni alla settimana.

ORI Pensavo di far bene. Di mettertmi in luce ai suoi occhi....

CAPO E ci sei riuscito, Ori, eccome se ci sei riuscito. Era un tale piacere, uno spettacolo pirotecnico vederti scavare, che mi sono detto: quello lì ha la pala nel sangue. Però mi è passato di mente di avvertirti che era ora di smettere.

ORI E io mi sono spellato a sangue le mani per niente!

CAPO Escoriazioni superficiali. Guarda piuttosto che cosa hai combinato alla voragine. È un vero e proprio sfregio ulteriore alla nostra povera crosta terrestre che già ha sofferto fin troppe ingiurie dalla civiltà dei consumi. E a te, incivile, non bastava una semplice voragine sui generis?

ORI Se sapesse che fatica per scavarla, non liquiderebbe così in due parole, una voragine come questa! Sui generis? Guardi invece com'è profonda.

CAPO Te l'ho già detto Ori. Potevi prendertela un po' più comoda, sì insomma con le molle. Fumarti ogni tanto una bella sigaretta, chiedere un permesso per accompagnare la tua consorte dal veterinario... Insomma, i lavori di scavo si sarebbero protratti, io avrei continuato a fare il Capo e tu avresti continuato a scavicchiare alle mie dipendenze. Che problema c'era, eh?

ORI Scavicchiare?

CAPO Insomma! Non c'era nessuna fretta, Ori. Il problema è che quando ti si mette una pala in mano, tu non ci vedi più. Non pensi che a scavare. E scava scava, sei arrivato sul fondo senza riflettere sulle conseguenze catastrofiche di un simile nobile quanto controproducente attaccamento al dovere.

ORI Mi viene da piangere, Capo.

CAPO Ti serva di lezione, se e quando ci sarà da scavare un'altra voragine.

ORI Un'altra voragine.? No, Capo, io per oggi ho già dato. Stop, chiuso per ferie.

CAPO Quindi la prossima volta che ti dirò di scavare, tu la prenderai più alla larga, sì, insomma, a cuor leggero, non ti spellerai tanto le mani e, soprattutto, non toccherai il fondo prima del tempo. Anzi, guarda, al fondo bisogna cercare di non arrivarci mai, al fine di tenere l'opera perennemente in corso d'opera, il cantiere aperto, il work in progress, per dirla con gli americani. Affinché io possa continuare ad ordinarti di scavare e tu possa continuare indefessamente e ubbidientemente a scavare.

ORI Indefessamente, Capo?

CAPO Non ti offendere, neh!

ORI E chi si offende! Per così poco: figuriamoci! Indefesso è il minimo...

CAPO Mi fa piacere Ori che tu riconosca i tuoi errori. Fai ammenda.

ORI L'errore è stato quello di non aver scavato una via d'uscita dalla voragine.

CAPO Povero Ori non cercare scappatoie laddove non ci sono. Non possono esserci, perché se ci fossero non sarebbe più una voragine, ma un Luna Park. A proposito, sei mai entrato in un tunnel dell'orrore?

ORI Con mia moglie. Ci ho trascorso la luna di miele, Capo.

CAPO Sinceramente capisco la tua condizione esistenziale di operaio sull'orlo dell'abisso, cioè della voragine della disoccupazione incombente, con tutte le conseguenze familiari del caso: perdita di stima, senso di smarrimento dell'identità personale, sentimento di vuoto interiore, isolamento umano e sociale, carenza di attività sessuale e conseguente timore di perdere le proprie funzioni riproduttive...

ORI Cioè?

CAPO Cioè tua moglie minaccia di non farti più scopare qualora tu dovessi perdere il posto nella voragine. Tuttavia, devi imparare a fare buon viso a cattivo gioco. Insomma, tieni assolutamente separate le carriere di marito e padre dalla tua sorte di maldestro operaio. Non mischiare, insomma, la vita privata con le faccende professionali, il sacro col profano... Dacci un taglio, Ori!

ORI Non è facile staccarsi dalle proprie disgrazie umane. Uno è sempre psicologicamente coinvolto e condizionato dall'ambiente che lo circonda e dalla moglie che sbraita ad ogni nuova bolletta.

CAPO Se è per questo, anche la voragine ti circonda. Ma non mi sembra che tu abbia intenzione di prenderla molto sul serio.

ORI Mi coinvolge negativamente, Capo. Vorrei tanto poterla riempire! Lavorerei gratis giorno e notte se lei mi desse, non dico l'ordine, ma semplicemente un permessino in tal senso. La sua stessa esistenza, - so di dire una cosa grave, ma è la verità, - rappresenta un'offesa alla mia intelligenza.

CAPO Scusa Ori, di che parli?

ORI Della mia.... Lasci perdere, Capo! Non può capire.

CAPO *(sottovoce)* Non posso capire, disgraziato?! Credi che io non veda quello che c'è nella voragine, cioè che non c'è nulla? Pensi che l'idea stessa della voragine soddisfi le mie ambizioni umane e le mie aspirazioni professionali? Ma certo, come no! Uno da giovane si fa un culo così per studiare, si laurea con tanto di lode, mette su famiglia, educa i figli, li iscrive a loro volta a scuola e a ginnastica assicurandogli merenda e paghetta settimanale solo per mettersi qui a scavare un maledetto buco sotto terra in cui non c'è nulla? Bella prospettiva! Eh no, caro mio, le cose non stanno così. La voragine sotto i piedi ti si apre piano piano: tu all'inizio non vedi che il cielo stellato, magari di tanto in tanto oscurato da qualche nube, ma niente di grave, s'intende. Le nubi tanto prima o poi si dissolvono e tornano a risplendere gli astri verso i quali ti senti nuovamente e con maggior forza proiettato. Ideali, Speranze, Sogni…Illusioni! Sì, stupide e vuote illusioni. Perché all'improvviso ti risvegli dalla sbornia. Dove ti trovi? Ecco, ne hai un esempio, in una voragine in cui dal buco a stento si riesce a scorgere una minima parte di quel cielo che ammiravi in gioventù. Prendi me per esempio. Ho studiato ingegneria spaziale, volevo mandare razzi sui pianeti più lontani ed invece guarda un po' dove sono dovuto scendere … nella tua sporca voragine.

ORI È una confessione, Capo?

CAPO Spero solo che tu non l'abbia registrata. Acqua in bocca, Ori. Non si trattava di una presa di posizione ufficiale, bensì di uno sfogo personale che deve assolutamente restare inter nos, tra di noi.

ORI Io comunque la penso allo stesso modo.

CAPO Allora capisci perché posso darti né l'ordine né tantomeno il permessino di ricoprire la voragine? La voragine è ormai un dato di fatto ineludibile e incontrovertibile. Io ti ho detto di scavarla. Tu l'hai scavata. Ed ora c'è. Cosa fatta, Capo ha.

ORI E il Capo sarebbe lei?

CAPO Esatto. E tu sei l'operaio…

ORI Cioè quello che la prende sempre in culo!

CAPO Ti lamenti? Non sei soddisfatto? Purtroppo per te, e un po' anche per me, non vedo alternative. La realtà non cambia a seconda dei nostri desideri e stati d'animo personali. Ci vuole di più, Ori, molto di più per riempire questa schifosa voragine che si è venuta a creare per colpa della tua pala: ci vorrebbe…

ORI Un ordine inverso, Capo. Basterebbe.

CAPO Ossia?

ORI   Come prima ordinava di scavare ora dovrebbe semplicemente ordinarmi di riempire. Riempi, ecco, al posto di scava.

CAPO   E chi mi autorizza, imbecille a darti quest'ordine. Un ordine da dare non te lo puoi costruire da solo. Deve seguire il suo iter. Passare di mano, di bocca in bocca e giungere all'orecchio giusto.

ORI   Lei dica solo "riempi" e la faccia finita.

CAPO   Non posso. Ho paura. Ed anche se potessi e non avessi paura non lo farei. Perché? Perché al posto della voragine potrebbe sorgere qualcosa di ancor più mostruoso.

ORI   Peggio della voragine?

CAPO   Chi ci si assicura in tal senso? Al peggio non c'è mai fine, Ori. E poi, una volta che l'hai riempita, che facciamo? Ce ne torniamo a casa senza lavoro e senza stipendio?

ORI   Macché! Poi gliene riscavo a cottimo un'altra più piccola, se vuole.

CAPO   Perché riempirla se l'hai scavata? E perché riscavarla se l'hai appena riempita? Non capisco il senso di tanto impegno: si starebbe sempre punto e a Capo.

ORI   Ma no, dìa retta! Si fanno tante piccole buchette, Capo. E se qualcuno, per caso, dovesse chiederle: "state scavando?" Lei potrà rispondere tranquillamente con la coscienza professionale completamente a posto: "sì, stiamo scavando! Eccome se stiamo scavando!".

CAPO   E se invece mi chiedono "cosa state scavando?", entrando cioè nei particolari, che gli rispondo, eh? Che la precedente voragine era stata scavata male e che stiamo correndo ai ripari riscavandone un'altra? No, Ori, pensiamoci bene prima di compiere atti irreversibili che potrebbero mettere a repentaglio i risultati fin qui conseguiti in tanti anni di onesta carriera. La voragine, almeno per ora, resta così com'è. Poi, se e quando sarà il momento, si vedrà che farne. Forse una piscina, chissà. A proposito di piscina, spostati, mi scappa la pipì. Le associazioni di idee mi fanno sempre brutti scherzi.

ORI   Ma se non prendiamo adesso una decisione storica, quella di riempirla, non ne usciremo più fuori. Essa si allargherà sempre di più. Ci farà sprofondare nei suoi meandri, nella sua vacuità per ora soltanto nascosta da un fondo che sembra solido ma che presto si rivelerà melmoso, fangoso, insomma... insufficiente a sostenere il peso delle nostre coscienze.

Il Capo ha finito di urinare. Si risistema mentre Ori cerca di pulirsi le scarpe sporche.

CAPO Ah! La coscienza! Te la senti sporca? Per questo allora la voragine ti fa tanta paura! D'accordo, essa batte tutte le altre precedenti voragini per stupidità e scarsità di valori. È diventata un orrore di voragine di cui è veramente difficile capire il senso profondo. Ma era destino, Ori, che ti riuscisse così. Perché tu la voragine ce l'hai purtroppo nel sangue, anzi in testa. Per questo la disprezzi tanto: perché te la porti dentro da quando sei nato. Tu hai nel cuore lo sprofondo, Ori, prendine atto.

ORI In effetti mi ricorda la voragine da cui sono nato. Sarebbe allora spiegato il mio odio, il mio ribrezzo: essa mi ha costretto a nascere, mi ha dato questa schifosissima vita, mi ha sbattuto in un mondo dove ho trovato solo una voragine più grande, ripugnante ed ostile di quella da cui sono uscito contro la mia volontà.

CAPO Davvero? Colpisce a tal punto il tuo immaginario questa voragine? Scatena le tue angosce più profonde? Sobilla il tuo più subdolo stadio onirico che sfocia nell'"onanismo più assoluto e celebrale?

ORI Prego?

CAPO Mi spiego. La voragine, in tal senso, rappresenterebbe nel tuo inconscio infantile la grande bocca-vagina che ti ha partorito e da cui vorresti, malcelato desiderio, essere ora nuovamente inghiottito. Apriti, Ori, aprimi il tuo cuore: è così? Sii sincero. Tanto qui sotto non ci sente nessuno, parla a bassa voce come in un confessionale.

ORI Dico semplicemente che questa voragine poteva riuscire meglio di quello che è diventata. Per questo va riempita e rifatta da Capo, Capo!!!

CAPO Rifatta! E perché vorresti rifarla?

ORI Perché qui mancano i fondamenti.

CAPO Che ne sai tu di fondamenta?

ORI Vado a lume di naso, Capo. Ma ci azzecco sempre.

CAPO Insinui che la voragine è infondata?

ORI Sì.

CAPO Però mi risulta che l'abbia scavata tu.

ORI Ma io l'ho scavata, non l'ho fondata.

CAPO Qual è la tua funzione operativa? Rispondi, disgraziato.

ORI Scavare.

CAPO E tu hai scavato?

ORI Capperi se ho scavato.

CAPO Ora vediamo se e come hai scavato, visto che ti lamenti dello scavo che tu stesso hai praticato. Cominciamo a prendere le misure della voragine… In fondo siamo scesi qui sotto per ispezionare, controllare, misurare e riferire.

ORI A chi?

CAPO A chi di dovere.

ORI E come fa a riferire a chi sta sopra di lei se non la tirano prima su?

CAPO Complimenti caro, bella domanda.

ORI E la risposta?

CAPO Cavolo! Non porti problemi che non ti riguardano direttamente e personalmente… Figuriamoci, dare fondamenti ad una voragine che, come lascia intendere il termine stesso, non può che esserne priva! Minacciosa, fatiscente, pericolante e sempre sul punto di inghiottire tutto e tutti. Altrimenti non si chiamerebbe voragine, ma stanza d'albergo, o ristorante, o discoteca, o ancora pizzeria. Insomma sarebbe un luogo di svago e non di morte e sofferenza come in realtà sembra essere. Dare senso alla voragine è come cercare un senso nelle tua scorregge, Ori, che sono aria come i tuoi discorsetti da sedizioso operaio a cui non va mai bene nulla: la pala è troppo corta, la carriola troppo pesante, il mattone troppo storto, la legna troppo fradicia e la voragine sempre troppo profonda. Fermo lì, Ori, non ti muovere…

ORI Ha visto un serpente? Oddio, farò la fine del povero Oreste che morì per il morso di un…

CAPO Smettila con questo Oreste, Ori. Non c'è nessun serpente. Devi solo farmi da punto di riferimento per le misurazioni.

ORI Io devo farle da punto di riferimento? Che onore!

CAPO Ti sembrerà strano, ma è così. C'è sempre una prima volta nella vita. Ma non ti illudere: sarà anche l'ultima volta che mi fai da punto di riferimento.

ORI Che cosa devo fare?

CAPO Non sai neppure come si fa il punto di riferimento, imbecille? Devi solo star fermo. Sull'attenti! Hai mai giocato a rubabandiera da piccolo? Bene, devi fare la bandiera.

ORI Io?

CAPO Sì tu. Uno, due, tre…

Il capo conta i passi. Ad un certo punto si ferma estenuato.

ORI Soddisfatto?

CAPO Dio mio, è veramente immensa, gigantesca, catastrofica. Sono sudato fradicio. Quanti passi ho contato? Mille? Duemila? E non sono neppure arrivato a metà! Ma a che cavolo serve?

ORI Adesso viene proprio lei a chiederlo a me? È una vita che chiedo spiegazioni a lei circa natura e motivo della voragine.

CAPO Tu hai più esperienza diretta di me, ecco perché ti chiedo delucidazioni in proposito, foss'anche una pallida opinione od un parere personale di cui tenere, beninteso! , solo parzialmente conto, per quanto… serve a poco tener conto delle tue becere convinzioni.

ORI Ma io….

CAPO Io ti ho solo ordinato dall'alto di scavarla. Ma sei stato tu a metterci materialmente le mani. Capisco la tua legittima obiezione: ti ho testé redarguito per aver percepito l'urgenza, la necessità di dare un senso, un fondamento alla voragine. Ed ora, invece, di punto in bianco anche a me scappa di aggrapparmi a qualche spiegazione logica, di conoscere qualche dettaglio sia pur minimale del progetto complessivo. Beh! La verità è che non sto dando i numeri, Ori. Piuttosto non volevo che tu lo cercassi così apertamente, spudoratamente, smaccatamente , questo maledetto senso, per non far fare a te, e indirettamente a me, brutta figura, Ori. Come?- potrebbero chiederci dall'alto - avete scavato tanto e avete dato tanti ordini di scavare senza neppure sapere lo scopo, il motivo, la natura dello scavo? E che, siete divenati tutti scemi a scavare in queste condizioni? Capisci?

ORI Io un senso per le mie fatiche ce l'ho: si chiama salario, Capo. Ma lei, da parte sua, sa perché mi ha ordinato di scavare? Solo per lo stipendio? O c'è dell'altro?

CAPO E come faccio saperlo? Credi che sappia come e perché mi arriva l'ordine che devo impartirti? Nessuno mi dice niente, Ori. La parola d'ordine è : scavare! , ed io ti ordino appunto di scavare. Quello che per te è un ordine astratto, lo è anche per me. Solo che tu, mettendolo in pratica, puoi renderti conto del motivo, del fine, dello scopo e del senso per cui ti viene imposto di scavare. Per te è facile, insomma! , fartene una qualche ragione. Scavi un buco nero e, mano mano, che procedi e perfori capisci il perché e il per come. Se non altro, la voragine, il buco, il foro o quant'altro è un prodotto non alienato del tuo lavoro e ti dà pure di che vivere a stento. Ma per me è diverso, perché la voragine non è mia: non possiedo la terra dove è scavata, non possiedo lo spazio vuoto da essa creato e neppure posso dire di essermi realizzato spiritualmente come te nella sua costruzione. Essa mi è indifferente, mi risulta anonima, estranea. È solo una stupida, vuota voragine senza peso né senso in sé per sé, dal momento che se non fossi il tuo Capo, sarei il Capo di qualcun altro impegnato - che so?- nella costruzione di un razzo per Venere.

ORI Ottima scelta, Capo.

CAPO Strano: è il primo pianeta che mi è venuto in mente. Chissà perché? Sarà per un'associazione di idee con la lettera V: Voragine-Venere, Venere-Voragine!

ORI Il senso della voragine è quello di non avere propriamente senso.

Pausa di sconcertata riflessione.

CAPO Ori, tu mi stupisci.

ORI Grazie, Capo.

CAPO Non ringraziarmi. Perché tu mi stupisci, sì, ma non come credi tu.

ORI Cioè?

CAPO Negativamente, cioè mi fai incazzare. E sai perché? Perché dici delle sciocchezze con tono talmente serio che sembrano essere cose serie dette da uno che racconta soltanto volgari barzellette. Per esempio, spiegami questa tua ennesima battutaccia di spirito, questa volgare cazzata secondo la quale il senso della voragine sarebbe quello di non avere senso alcuno. Mi prendi per il culo?

ORI Secondo lei una voragine ha senso?

CAPO No, santiddio, no che non ce l'ha!

ORI   Allora che senso ha averla scavata?

CAPO   Nessuno.

ORI   Dunque conviene con me che il senso della voragine è quello di non avere nessun senso.

CAPO   E allora tu perché l'hai scavata?

ORI   E lei perché mi ha detto di scavarla?

CAPO   E tu perché non ti sei rifiutato di scavarla? Ti faceva comodo, neh?!, continuare a scavare e a beccarti lo stipendio.

ORI   E lei perché non si è rifiutato di ordinarmi di scavarla? Le faceva comodo, neh?!, continuare a darmi ordini come un dio sul piedistallo.

CAPO   Senti, ho maturato la convinzione che tu vada direttamente strozzato sul posto di lavoro, prima che possa fare altri danni. Sissignore!, mi schiero ufficialmente a favore della tua eliminazione fisica dalla voragine. Nè va del resto dell'incolumità e della salute mentale di tutti gli altri dipendenti che sono, d'accordo, anche loro come te alla ricerca di un senso compiuto da dare alla voragine. Ma che, anche se non lo trovano da nessuna parte, no inquinano la voragine stessa con il loro disfattismo da operai in perenne disaccordo col padronato e col sindacato. Piuttosto, manifestano in silenzio il loro dissenso, magari con uno sciopero della fame che non fa male a nessuno, nemmeno a chi lo fa. Anzi!

ORI   Capo, mi sta strozzando.

CAPO   Sì, Ori, ti sto proprio strozzando. Pace all'anima tua.

ORI   Proprio ora che sta palesandosi un senso?

CAPO   Un senso? Per chi? Per te o per me?

ORI   Per tutti e due, credo.

SI ODE UN COLPO DI:

GONG

CAPO   E questo sarebbe un senso, secondo te?

ORI   Forse non è un buon senso, però ...

CAPO Ed io non dovrei strozzarti?

ORI Di certo però è una prova.

CAPO Prova? Di che?

ORI La prova che un senso c'è. Oscuro, d'accordo, forse inintelligibile, ma c'è.

CAPO Ne ho piene le palle delle tue quattro nozioni di filosofia con cui speri di vincere un quiz.

ORI Calma, Capo. La filosofia, anche quella di un semplice operaio come me, ha una sua precisa funzione.

CAPO Quale, Ori? Dimmelo prima che esegua la tua condanna a morte.

ORI Dare un senso a ciò che, come la voragine, sembra non averlo.

CAPO Ora di strozzo.

ORI Senza filosofia non si possono interpretare i fenomeni nella loro vera essenza, Capo. È così.

CAPO Essenza? Si può sapere di che stai parlando?

ORI Di un senso.

CAPO Sai che ti dico? Non ti strozzo più. Sì, hai capito perfettamente, desisto dall'intento di torcerti il collo come una gallina. Sei infatti la prova vivente della più straordinaria coglionaggine umana. E perché dovrei strozzarti? Mi conviene piuttosto esibirti come uno dei più abominevoli e sconcertanti prodotti della voragine. Non trovi?

ORI È la voragine ad essere il prodotto del mio lavoro e non io il risultato della voragine. Quantunque...

CAPO Oddio! C'è pure un quantunque!

ORI Quantunque, teoricamente! , il senso, l'idea della voragine dovrebbe preesistere sia a me che a lei.

CAPO A me? Ma come ti permetti?!

ORI È nella logica stessa delle cose. Se non ci fosse già bella è fatta l'idea della voragine a nessuno potrebbe saltare in testa l'idea di scavarla. Sembra strano, ma è così

CAPO Ori, ci ho ripensato: quasi quasi ti strozzo lo stesso.

ORI   Calma, Capo, la prenda anche lei con filosofia: essa aiuta ad interpretare le cose come sono realmente. O come non sono. Oppure come erano e come non sono più. Vuole un esempio concreto?

CAPO Vada per l'esempio concreto.

ORI La scaletta.

CAPO Che scaletta! Non vorrai mica tenere un discorso in piena voragine! ?

ORI Non la scaletta del discorso, bensì quella di corda di cui ci siamo serviti per scendere ad ispezionare la voragine stessa.

CAPO Beh?

ORI . Sparita.

CAPO Come, sparita?

ORI Non c'è più. L'avranno ritirata senza dirci niente, per scherzo o non revvenendo la nostra presenza qui sotto.

CAPO Potevi starci più attento! Accidenti a te e alle tue chiacchiere da salotto letterario a cui ho peraltro scioccamente contribuito!

ORI Cerco solo direndermi utile, Capo.

CAPO Avrei dovuto ucciderti subito! Mi hai pure estorto in un momento di crisi spirituale una mini-confessione delle mie più recondite angosce. Non mi rendevo conto che il vero pericolo non è rappresentato dalla voragine. No, Ori, il vero pericolo sei tu che scavi voragini. Un poveraccio ti dà il dito, e tu ti prendi il braccio...

ORI E qualcun altro si prende la scaletta.

CAPO Se non avessi dato ascolto ai tuoi teoremi, forse la scaletta non sarebbe sparita e noi saremmo potuti risalire alla superficie. Ora invece tutto si complica maledettamente. Bel risultato hai contribuito a realizzare! La sparizione della scaletta! Ora sì che la tua filosofia ci ha portato definitivamente al di fuori del mondo, al di fuori della realtà. Siamo tagliati fuori da tutto Ori e noi stessi, inghiottiti dalla voragine, non abbiamo più alcuna ragione d'esistere. Fidati!

ORI Lei forse non ce l'ha. Ma io sì.

CAPO Tu? E quale?

ORI Sopravvivere, Capo.

CAPO In queste condizioni?

ORI   Sempre, ovunque e comunque: sopravvivere è il mio motto, tirare avanti la carretta è il mio mestiere. Ed io sa che faccio? Sopravvivo e cerco di tirare avanti la carretta.

CAPO   Questa, per la verità, mi sembra una filosofia di vita semplice ed efficace. Mi congratulo, Ori. Scommetto che sono stato io ad assumerti. Chi altri, all'infuori di me, poteva intuire la genialità rozza quanto pragmatica di un somaro come te?

ORI   Veramente lei voleva licenziarmi. Anzi liquidarmi addirittura fisicamente.

CAPO   Si è arrivati davvero a questo punto? E perché?

ORI   Perché avrei inavvertitamente toccato il fondo della voragine. Non ricorda?

CAPO   È una vecchia storia: acqua passata. Ora ho finalmente appurato che non sei del tutto imbecille, ma che in té brilla – in mezzo ad un mare di fango intellettuale, bisogna pur dirlo! – anche una piccola dose di cristallino buon senso.

ORI   Grazie, Capo!, grazie... Detto da lei è un gran bel riconoscimento professionale. Anche un semplice operaio come me ha bisogno ogni tanto di una pacca sulle spalle e di un aumento di stipendio.

CAPO   Pacche, quante ne vuoi. Per l'aumento se ne riparla quando sarai riuscito a farmi uscire dalla voragine che hai scavato.

SI ODE UN COLPO DI:

GONG

ORI   Chiamiamo aiuto?

CAPO   Qualcuno suona il gong e tu chiami subito aiuto?

ORI   Vorrei uscire al più presto da questo buco, Capo, da questa terribile situazione esistenziale, prima che ci mettano sopra un'inamovibile pietra tombale.

CAPO   Non mi sembra ancora il caso di parlare di tombe. Sei d'accordo, Ori?

ORI   D'accordissimo, Capo.

CAPO Ci diamo una regolata, Ori, visto che forse qui dentro ci dobbiamo restare ancora un bel po'?

ORI E diamocela, Capo.

CAPO Allora la regola numero uno della Voragine, quella secondo la quale non bisogna parlare di tombe, viene approvata all'unanimità.

ORI Bella unanimità: siamo solo in due!

CAPO Ori, guarda che essere d'accordo con te e soprattutto che tu sia d'accordo con qualcuno che non sia te stesso, è un fatto storico, epocale. Biblico….

ORI Passiamo alla regola numero due, se non le dispiace. Non vedo l'ora di legiferare anch'io.

CAPO Che c'entri tu con le leggi?

ORI Una regola per uno non fa male a nessuno. Questa è la regola basilare della democrazia.

CAPO E chi ti ha detto che siamo in democrazia?

ORI Non lo siamo?

CAPO Potremmo pure esserlo, ma non è stato ancora stabilito.

ORI E chi lo stabilisce?

CAPO Io.

ORI E chi stabilisce che lo stabilisce lei?

CAPO Io.

ORI E io?

SI ODE UN COLPO ANCORA PIU' FORTE DI PRIMA DI

GONG

ORI Forse qualcuno lassù in alto vuole solo avvertirci che è ora di pranzo.

CAPO Bene, se lo dicono loro non ho difficoltà a ribadirlo anch'io: pausa pranzo. Tira fuori il cestino, Ori.

ORI L'ho lasciato su in cantiere, Capo.

CAPO Come? Mi fai dare la pausa pranzo e non hai niente da mangiare?

ORI La mia era una semplice idea, Capo.

CAPO Bravo, ora ci sfamiamo con le tue stramaledette idee!

Piovono dall'alto un prosciutto e salsicce.

ORI Almeno la mensa della voragine non lascia a desiderare.

CAPO C'era una volta un vecchio filosofo che spiegava la realtà inconoscibile paragonando le idee a degli irraggiungibili salami appesi di cui si sente solo il profumo, ma di cui non si vede...

ORI Si tratta di semplici salumi, Capo, non di ideali veri e propri.

CAPO Una salsiccia non può contenere un ideale secondo te? Se proprio devi essere uno sporco materialista, siilo almeno in senso storico, Ori.

ORI Perché storico, Capo?

CAPO Perché nella caduta di una salsiccia non dovresti vedere solo una salsiccia che cade! Possibile, insomma, che non ti rendi conto che la caduta di una salsiccia è un fenomeno ben più complesso, coi suoi presupposti e retroscena, di quello che sembra?

ORI Piovono salsicce all'ora di pranzo come se fossero astratti ideali e lei si lamenta?

CAPO E se non fossero né ideali né salsicce vere e proprie?

ORI E che potrebbero essere?

CAPO Potrebbero essere i nostri valori, Ori, a cadere.

ORI Si fidi di me, sono salsicce.

CAPO Meglio così.

ORI Sarò pure un'ombra rinchiusa in una caverna platonica da cui hanno fatto sparire la scala per risalire alla realtà, ma ho una tale voragine nello stomaco che non posso fare a meno di considerare un salame per quello che sembra.

CAPO Stavolta hai pienamente ragione, Ori.

ORI Grazie, Capo. Buon appetito.

CAPO Prima però rivolgiamo un devoto ed umile omaggio alla realtà. Prega con me, Ori.

ORI Uffa, quante storie per un po' di prosciutto!

CAPO Silenzio. Preghiamo.

ORI E preghiamo!

Il Capo gli dà un'occhiataccia e prega velocemente senza far capire le parole.

CAPO .... bla bla bla, fatto.

ORI Amen. Ed ora, finalmente, si mangia.

Ori e Capo mangiano.

CAPO Ti confesso un segreto Ori. Ma tienilo per te, mi raccomando. Non vorrei che il mio ruolino aziendale venisse macchiato da un'asserzione compromettente dovuta al mio attuale stato di grazia a pancia piena: disprezzo la realtà che mi circonda. A me il mondo sembra un fondale maldipinto, sdrucito e pieno di vento per un palcoscenico insensato. Vorrei sfondare il fondale, Ori, cascare dall'altra parte, vedere cosa c'è dietro la scena del mondo. Ho detto forse una cosa troppo scontata per strapparti un applauso?

ORI Capo, sparecchia lei per cortesia?

CAPO E questa secondo te sarebbe una cortesia?

ORI Beh, io ho apparecchiato.

CAPO Magari dovrei pure lavare i piatti.

ORI Sì. Così dopo io li asciugo.

CAPO Non c'è una lavapiatti in questa maledetta voragine?

Dall'alto cade improvvisamente una lavapiatti.

ORI Visto? È successo un'altra volta. Qualcuno si è sbarazzato della sua vecchia idea di lavapiatti. Chissà se funziona ancora.

CAPO E di che ti lamenti?

ORI Trovo la faccenda un po' deprimente, ecco.

CAPO Che non devo lavare i piatti? Sei un bastardo invidioso. Quando la sorte corre in mio soccorso, tu ti rodi il fegato. Sprizzi veleno da tutti i pori, Ori.

ORI Non è la sorte a soccorrerla, Capo. E non è veleno quello che sprizzo. Temo che qualcuno abbia preso la nostra voragine per una volgare discarica e ci stia pure pisciando dentro dall"alto della voragine.

CAPO Il maiale!

ORI Ho sgobbato tanto nell'illusione di creare qualcosa di utile, una voragine piena di significati simbolici, metafisici, ed improvvisamente vengo messo davanti al fatto compiuto di aver costruito soltanto una gigantesca pattumiera. Altro che metafore! Ideali! Solo rifiuti, scarti, avanzi, rimasugli, vermi e topi di fogna… come noi!

CAPO Come te, non azzardarti a mischiare l'autorità che rappresento coi tuoi rifiuti ideologici e morali.

ORI Ma a lei non le passa mai la voglia di fare il Capo?

CAPO Perché mai dovrebbe passarmi, santiddio. Fare il Capo è bello ed appagante.

ORI Anche scavare può essere appagante.

CAPO Non ho alcuna intenzione di rubarti il mestiere, Ori, tranquillo.

SI ODE IMPROVVISO UN COLPO DI:

GONG

ORI Rieccolo. Il solito colpo di gong che non si lascia decifrare per bene.

CAPO Era un richiamo all'ordine, Ori.

ORI Che ordine?

CAPO Costituito. Quello che ti dice come, quando e perché è finita la pausa pranzo.

ORI È finita la pausa pranzo? Davvero?

CAPO Purtroppo sì.

ORI Peccato.

CAPO Consolati con questa riflessione semplice ma appropriata: solo ciò che comincia può finire.

ORI Bella consolazione.

CAPO Non ne vedo nessun'altra.

ORI Neanch'io.

CAPO Allora mettiamoci all'opera.

ORI Che opera?

CAPO Come, che opera?

ORI Sì, Capo, ha capito benissimo: che cosa devo fare?

CAPO Non lo sai che cosa devi fare?

ORI Io no. E lei almeno lo sa che cosa deve farmi fare?

CAPO Mannaggia a te, Ori!

ORI Perché mi picchia? Che ho fatto?

CAPO Niente! Questo è il problema.

ORI Ci tiene tanto a dare ordini, a comandare! Ma mai che sappia cosa ordinare quanto c'è da esercitare l'autorità di cui sostiene di essere investito addirittura dall'alto. Quanto alto, poi, mi piacerebbe proprio saperlo!

CAPO Se io non comando, tu ti rifiuti di ubbidire: è così, vero, sporco traditore?

ORI Non è che mi rifiuti... insomma, è che non posso ubbidire, non sapendo a cosa.

CAPO Fatto sta che non sai capacitarti da solo di quello che c'è da fare.

ORI Non sono pagato per capacitarmi.

CAPO E perché sei pagato?

ORI Per scavare.

CAPO E stai scavando?

ORI Al momento, no.

CAPO Lo vedi che sei un lavativo!

SI ODE IMPROVVISO UN COLPO DI:

GONG

ORI Ce l'ha ancora con noi, Capo?

CAPO Sì, Ori. Vuole che tu ti dìa generecamente da fare e che io ti istruisca in tal senso.

ORI Genericamente?

CAPO Insomma: inventati qualcosa, fingi di lavorare. Altrimenti metti nei guai anche me che sono il tuo Capo. "Potevi controllarlo!", "Dovevi accorgerti di quello che stava combinando!", già li sento, lassù.

ORI Chi?

CAPO I miei superiori.

ORI Non è lei il superiore?

CAPO Rispetto a te: sì che lo sono. Ma ci sono altri superiori rispetto a me.

ORI Quindi lei non è poi tanto superiore come dice di essere.

CAPO Mi fai pena Ori. Se siamo sprofondati in questa maledetta voragine, caro mio, è colpa della tua superficialità e della tua cronica mancanza di profondità spirituale e solidarietà umana. Né hai il benché minimo rispetto per l'autorità che rappresenta questa divisa. Le viscere della terra, in cui mi hai maldestramente trascinato facendoti fottere persino la scaletta per risalire in cima alla realtà, sono semplicemente il simbolo del nulla che hai dentro di te. Ma io sono stufo di tutto, stufo della voragine, stufo di te, stufo di tua moglie, stufo di Oreste e di sua sorella, stufo…

Dall'alto cala una stufa.

ORI Scusi Capo, ha detto elettrica o a gas?

CAPO Ho detto che sono stufo, Ori. Ma non mi risulta che abbia mai parlato di stufa. Me ne ricorderei, cazzo!

ORI Eppure ci hanno recapitato una stufa.

CAPO *(isterico)* Non ci serve, non l'ho ordinata: venissero a riprendersela.

ORI Ma se l'hanno gettata nella voragine è perché non sanno più che farsene. Altrimenti se la sarebbero sicuramente tenuta. Può sempre far comodo una stufa…

CAPO Mi spiace dirtelo, Ori, ma questa voragine l'hai proprio scavata a cazzo di cane. Da fuori sembra una discarica e da dentro pure. È colpa tua se ci buttano dentro la robaccia che non gli serve più, te compreso. Quanto a me, santiddio! , non vedo l'ora di uscirne. È un maledetto pozzo senza fondo e del tutto privo di vie d'uscita.

ORI Chiamiamo aiuto ora?

CAPO Ah no, questo poi no! Aiuto, io? Mai! Tu soffri di complessi d'inferiorità, Ori. Ma se io devo uscire da un buco, da una schifosa voragine in cui mi sono più o meno involontariamente ficcato, devo farlo ricorrendo esclusivamente alle mie forze e alle mie capacità professionali e imprenditoriali. Non posso mettermi in discussione, abbassarmi ad accettare aiuti, soccorsi, o sperare in ipotetici miracoli per risollevarmi dal fondo dove sono caduto. Io mi rialzo con le mie proprie mani. Sappilo!

ORI E come?

CAPO Prendi la pala e scava. (viene colpito da alcuni rifiuti) Sbrigati prima che ci sommergano di zozzerie, porco cane!

ORI Non ha forse detto che intende risollevarsi con le sue proprie mani?

CAPO Appunto.

ORI E perché allora devo scavare io?

CAPO Vuoi risollevarti anche tu, sì o no?

ORI Ma scavando vado in direzione opposta del mio stesso risollevamento. In realtà, se scavo, scendo ancora di più invece di risalire.

CAPO Obbedisci. Non fare storie e non ti permettere. Guarda che prendo nota.

ORI E dove vuole che arrivi?

CAPO Dall'altra parte, ignorante.

ORI Di che?

CAPO Della voragine. Dovremo pure sbucare fuori da qualche parte.

ORI All'inferno sbucheremo primo o poi!

CAPO Sei scarso a geografia, Ori. Infatti, da che mondo è mondo, per arrivare all'inferno bisogna prima morire, dài retta a me.

ORI Meglio di no, Capo..

CAPO Ascolta. Se avessi studiato ingegneria come ho fatto io, conosceresti sicuramente il principio dei vasi comunicanti. Visto che sei a digiuno di teoria, te lo spiego con un esempio pratico. Hai presente quando uno mangia fagioli in scatola?

ORI Ho presente, Capo.

CAPO Da una parte s'ingeriscono legumi e dall'altra si emettono gas di scarico.

ORI Io non sono gas di scarico. E neppure un legume.

CAPO Però evacui come la maggior parte, la quasi totalità, il consesso unanime del genere umano. Giusto?

ORI Non posso negarlo.

CAPO Perciò convieni che tutto quel che entra, deve anche poter uscire da qualche parte. O no? E se noi non riusciamo a scappar via, a riemergere come la fenice da dove siamo entrati, cioè dalla bocca della voragine, ne verremo sicuramente fuori dal suo posteriore proprio come i fagioli in scatola cui ti accennavo poc'anzi. Capito il concetto?

ORI No, Capo. Il paragone non mi convince.

CAPO Nessuno vuole convincerti. Zitto e scava. È un ordine.

ORI Se lei mi ordina perentoriamente di scavare, io scavo solo perché devo. Cioè non mi convince, bensì mi costringe a farlo.

CAPO Bravo, Ori, così mi piaci: ubbidiente come un operaio che sa stare al suo posto.

ORI No che sa stare, che la prende sempre in quel posto, Capo.

CAPO Appunto Ori. E vedrai che alla fine ti comincerà pure a piacere. Ne sono sicuro. Abbi fede. È solo questione di tempo. Prima o poi piace a tutti, sia belli che brutti!

ORI Speriamo di no, Capo.

CAPO Chi vivrà, vedrà, Ori.

Ori riprende mestamente a scavare. Il Capo controlla sospettosamente il lavoro.

ORI Capo?

CAPO Sì, Ori? Che c'è? Che succede? Sei forse già sbucato dall'altra parte della voragine?

ORI Posso parlare?

CAPO Purché tu dica una cosa seria o intelligente.

ORI Mi scappa una scorreggia.

CAPO E questa secondo te sarebbe una cosa seria o intelligente? Vergognati!

ORI Però mi scappa lo stesso.

CAPO Allora è una stronzata, Ori, e non una semplice scorreggia. Mi spiace, ma dovrai trattenerla dentro di te, almeno fino a quando non saremo usciti di qui. Infatti la voragine è un luogo poco areato in quanto dispone di un buco solo. Per questo te ne sto facendo praticare un altro, per permettere anche a te di esprimerti in piena libertà spirituale. Perciò sbrigati, lavora! Nel tuo stesso interesse. La-vo-ra!

ORI Sto lavorando, accidenti!

CAPO Ecco, bravo. Ti tocca!

ORI Capo, sia sincero: lei con chi sta veramente, con me o con la voragine?

CAPO Ori, mi meraviglio di te. Come, con chi sto? Sono bipartisan, Ori. Cioè sto con tutti e due. Dò un po' di ragione a te e un po' di ragione alla voragine. Devi infatti capire che la verità non sta da una parte sola. Tu ti lamenti che la voragine è troppo profonda e la voragine si lamenta che tu l'hai scavata troppo. Va a sapere dove stanno le mezze misure, le ragioni di entrambi. Ti sembrerò un vile opportunista, Ori, ma sono solo previdente: parlo male di te alla voragine e sputtano la voragine quando sto con te, ecco tutto. Mi tengo insomma in bilico, Ori, sul bordo del baratro. Costantemente in gioco!

ORI Complimenti per le sue acrobazie!

CAPO Lo dici con ironia. Ma vedi: il risultato Ori è uno solo: io continuo a comandare e tu invece continui a scavare, pezzente che sei.

ORI Posso almeno pensare mentre scavo?

CAPO Ed io posso forse vietartelo? No? E allora… va' pensiero!

Ori continua a scavare.
Audio registrato: il pensiero di Ori.

PENSIERO DI ORI PRRRR!

CAPO Ori, come ti permetti? Ti ho detto che nella voragine non si può scorreggiare!

ORI Lei ha detto "và pensiero" e il mio pensiero è andato… volato come l'aria.

CAPO Pensa a qualcos'altro, allora. Non ne sei capace?

ORI Adesso ci provo.

Ori continua a scavare.

CAPO Continui a sentire un forte odore di gas.

ORI Forte odore, Capo?

CAPO È un eufemismo. Avrei dovuto dire puzza, ma non volevo sputtanarti apertamente, Ori. Controllati!

ORI Eufemismo vorrebbe dire che sarei stato io a farla?

CAPO Lasciamo perdere. Sei almeno arrivato dall'altra parte della Voragine? Così, una volta praticato il secondo foro, si verrà a creare un po' di ricambio d'aria. Serve un po' d'aria fresca qui dentro, eccome se serve!

ORI Non ho ancora finito, Capo. Il fondo della voragine è durissimo, riesco solo a scalfirlo con la pala.

CAPO   E perché non ti sei portato il martello pneumatico?

ORI   Avevo paura di esagerare, Capo.

CAPO   Peggio per te. Ti saresti sbrigato prima. Chi ha tempo non aspetti tempo, Ori.

ORI   Non ho tempo da perdere, io. Lei, almeno, ha dormito bene?

CAPO   Non lo so. Ho provato una strana sensazione. Nel sonno ho avuto, - non ci crederai mai ed io stesso stento di ammetterlo a me stesso di poter provare una baggianata simile, - ho avuto paura. Sì, Ori, hai capito benissimo: per un attimo ho avuto paura della morte. Mi vergogno a dirtelo…

ORI   Non deve vergognarsi. Probabilmente la paura della morte serve per sentirsi vivi. Forse è questo il senso, lo Scopo della voragine: la Paura.

CAPO   Forse hai ragione: il buio della voragine, questi suoi strani brontolii, schricchiolii, come di uno scheletro che sta andando a pezzi. Sei forse sbucato in qualche catacomba, Ori?

ORI   No, Capo. Non è lo schricchiolio di uno scheletro umano.

CAPO   Dio mio, che cosa può essere allora?

ORI   È lo schricchiolio dello scheletro della voragine, Capo.

CAPO   Scheletro della voragine? Ori, pasticcione, che cosa sei andato a scavare mentre mi concedevo qualche istante di strameritato riposo?

ORI   Niente, Capo.

CAPO   Come niente, Ori. Questo è un vero e proprio boato.

ORI   Capo, devo comunicarle la spiacevole notizia che la voragine sta andando a pezzi.

CAPO   A pezzi? La voragine? Cazzo, questo è un incubo, Ori, e tu sei il mio carnefice.

ORI   Addio, Capo. La voragine sta collassando.

CAPO   Addio, Ori. E quando arrivi all'altro mondo non farti più vedere da me. Intesi?

Ori dà un ultimo colpo di pala provocando il crollo della voragine. Un boato terrificante. Buio. Quando la polvere si dirada, la voragine è sparita. Ori e Capo, semisepolti sotto le macerie rivengono lentamente lamentandosi.

CAPO   Accidenti a te, Ori, guarda cos'hai combinato! Questa me la paghi, bastardo.

ORI   Prima mi dice "scava" e poi si corregge redarguendomi: "perché hai scavato?". Prima mi dà del fannullone assenteista, subito dopo mi accusa di essere stato troppo ligio alle direttive al solo scopo di mettermi in mostra per ottenere un aumento. Gioca insomma allo scaricabarile senza darmi l'opportunità né di fare fino in fondo il mio dovere, né di non farlo proprio. Bel casino!

CAPO   Fare male il proprio dovere è come non farlo. La verità è che sei un maledetto pasticcione. Hai scavato una voragine nella voragine come ti è stato espressamente richiesto, d'accordo. Ma l'hai puntellata?

ORI   Non ho pensato a puntellarla in quanto mi sembrava abbastanza astratta, surreale da potersi reggere in piedi da sola.

CAPO   E invece non si è retta, testone. Perché anche le metafore hanno bisogno di solide fondamenta. E chi gliele deve dare queste fondamenta, tu che scavi o io che ti ordino di scavare? La tua voragine non valeva una cicca, è crollata come un castello di sabbia in riva al mare. Ora non ti resta che ricominciare tutto da Capo e scavarne un'altra.

ORI   Non ne basta una?

CAPO   Sarebbe bastata, certo, se non l'avessi sfidata elevandola a simbolo della tua condizione esistenziale. Hai portato alla luce la sua vena più onirica che essa neppure sapeva di possedere. Ma ora che il sogno si è trasformato in incubo e l'incubo in una catastrofe dalle dimensioni planetarie, la voragine va riscavata per essere riportata alla sua giusta dimensione di opera di pubblica utilità. Così come l'hai ridotta, metafora umana, non serve proprio a nessuno! Scava, Ori, scava e riscava.

ORI   E mentre io scavo, lei cosa fa Capo?

CAPO   Rifletto sul da farsi nel dopo-voragine, Ori. Se ci sarà un dopo-voragine. Cerca di meritartelo, mi raccomando.

ORI   Farò del mio meglio, Capo. Ho già cominciato a scavare.

CAPO   Bravo, Ori. Così mi piaci. Quando sei uso a scavar tacendo.

ORI   Grazie della citazione, Capo.

CAPO   Prego, Ori. Non c'è di che. Datti da fare.

Ori riprende mestamente a scavare. Musica. Si fa lentamente buio.

FINALE

Come all'inizio del primo atto. Dalla voragine, dopo qualche istante di silenzio, giungono lontani rumori, poi sempre più nitidi come se i lavori fossero ripresi.

I ruoli di Ori e Capo sono invertiti: Ori fa il Capo e viceversa.

VOCE DEL CAPO Ehi, ho toccato qualcosa di duro!

Sbuca il Capo dalla voragine. Ha un elmetto da minatore con la lampadina accesa.

CAPO Ehi, ehi, abbiamo toccato il fondo, di nuovo *(resta in attesa di una risposta che non arriva)* Sentito? Abbiamo toccato inavvertitamente il fondo... il fondo, accidenti! Non era mai successo prima d'ora... proprio a me doveva capitare! Che giornataccia... Quando si dice una giornata di merda! *(si affaccia nuovamente a parlare con qualcuno giù nella buca)* Non gliene frega niente a nessuno... Sì, sì che ho insistito... Provo a sparare un razzo segnaletico, va bene? ... chissà se se ne accorgono... *(sistema un piccolo razzo nella terra, dà fuoco alla miccia, attende ansiosamente tappandosi le orecchie, ma non succede niente)* Niente botto? Niente: bum? Che cazzo di razza di razzo è...!

Entra Ori.

ORI Che ti bummi, Capo? Che ti scazzi coi razzi?

CAPO Ecco Ori, ragazzi!

ORI 'mbeh?

CAPO E' successo, Ori.

ORI Cosa, Capo?

CAPO Abbiamo accidentalmente toccato il fondo.

ORI Accidenti a te, Capo.

CAPO Non prendertela con me, Ori.

ORI E con chi dovrei prendermela, allora?

CAPO Beh, è stata lei, la voragine insomma, a farsi toccare il fondo...

ORI La voragine si fa toccare il fondo e tu perdi tempo coi fuochi d'artificio?

CAPO Macché fuoco! Quello è un razzo di soccorso. Dovrebbe fare "bum!" per richiamare l'attenzione, capisce? E invece non fa un cazzo...

ORI Con le volgarità non si risolve mai niente.

CAPO Scusa Ori, volevo dire che non fa il razzo.

ORI Senti un po': è un pezzo che ti tengo d'occhio, sai? E non mi piaci, Capo, no che non mi piaci: sei capace perfino di trasformare un comunissimo cazzo, che mi fai dire?!, razzo di soccorso, da usare solo in caso di emergenza, in un missile pirotecnico per intrattenere il pubblico.

CAPO Questa è davvero un'emergenza, non un intrattenimento.

ORI A parte il fatto che se fosse proprio emergenza e se quello fosse un vero razzo di soccorso, sarebbe partito... o non hai fiducia nei nostri mezzi di soccorso?

CAPO Per carità, Ori! Non volevo mettere in dubbio la nostra efficienza, però...

ORI E allora, sentiamo: perché avresti dovuto chieder soccorso, Capo?

CAPO Perché? Ma perché abbiamo toccato il fondo, Ori.

ORI Questo me lo hai già detto.

CAPO Affacciati nella voragine, Ori: vedrai che disastro.

ORI *(si affaccia)* Già, vedo... bel guaio. Sei sicuro che sia proprio il fondo?

CAPO Caspita! E' duro come una pietra. Sta a sentire... Ragazzi, fate sentire il fondo ad Ori. Coraggio!

Risuonano tre colpi secchi.

ORI Pare proprio che sia il fondo. Ma non mi stupisco... dico, non più di tanto. Scava scava, ci si doveva arrivare prima o poi, no?

CAPO Siamo qui per questo, Ori.

ORI Più giù di così non potevamo andare, vero?

CAPO Direi proprio di no. Quando si tocca il fondo, c'è poco da stare allegri. Oltretutto, adesso sarà dura risalire.

ORI Ma non si potrà neppure cadere più in basso.

CAPO Sempre ché non ci sia un doppio fondo, Ori.

ORI Cavolate.

CAPO E saranno cavolate... Se lo dici tu!

ORI Piuttosto, si vede niente laggiù?

CAPO Buio come la notte dei tempi.

ORI Nessuno spiraglio? Sicuro?

CAPO Ce ne saremmo accorti. Uno spiraglio, uno qualsiasi, laggiù non passa di certo inosservato, Ori.

ORI Se se ne fosse presentato uno, lo avresti subito richiuso, vero?

CAPO Sì, Ori.

ORI Mi raccomando. Non devono esserci spiragli.

CAPO Agli ordini, Ori!

ORI Bravo, così mi piaci. Obbediente e disciplinato.

CAPO Hai altri ordini, Ori?

Alle loro spalle si leva un'ombra gigantesca.

ORI Boh, dovrei averne?

CAPO Ora comandi tu, Ori.

ORI Si fa presto a dire "comandi tu", Capo.

CAPO Lo dici a me?

ORI Ma... Chi o cosa è quello spaventapasseri?

CAPO Mai visto prima d'ora.

ORI Ha un'aria minacciosa.

CAPO Ah sì?

ORI Con quel manganello che impugna non promette nulla di buono.

CAPO Non è un manganello, Ori, scemo. E' una bacchetta, non vedi?

ORI Vorrà prenderci a bacchettate.

CAPO Non proprio, visto che si tratta di una bacchetta magica.

ORI E a che gli serve la bacchetta magica?

CAPO A fare miracoli, Ori. A riempire la voragine, vuole riuscire dove noialtri siamo miseramente falliti.

ORI Capo, devi averci il prosciutto sugli occhi: quello è un manganello bello e buono. E secondo me è pure duro...

CAPO Ori, coglione: tu vedi manganelli anche laddove i manganelli sono bacchette magiche.

ORI Sembra che stia per emanare un ordine.

CAPO Povero Ori, prendi pure i consigli per ordini.

ORI Si parte dai consigli per gli acquisti, si passa per i consigli di amministrazione e si finisce con i consigli dei ministri e i consigli di guerra, Capo. Conosco la storia.

CAPO Sei sempre il solito pessimista... ed anche un po' disfattista, sai?

ORI A terra, Capo: sta per emanare un consiglio tassativo!

CAPO Vuoi dire un ordine? Che ordine?

Tuona la voce come un'esplosione che squarcia il palcoscenico:

CAPO Ehi, ha detto scattare o schiattare? Non ho sentito bene. Dove sei finito, Ori? Non mi lasciare solo, sei caduto nella voragine, spinto dalla forza d'urto del consiglio? Ori, insomma, si può sapere se ha detto scattare o schiattare? Ori, che facciamo? Scattiamo o schiattiamo? Vengo a cercarti, Ori, amico mio...Ti sei portato via il tuo cestino della merenda, le tue sigarette, il retrotreno di tua moglie... come faccio senza di te?

Il Capo scende lentamente nella voragine, che si trasforma in un vulcano infernale eruttando ogni tipo di oggetti.

Sipario.

Edizione Politecnico, Roma, 1995. Enrico Bernard (a destra) con Mario Colucci, Giulio Turli e il regista (Giuseppe Marini (a sinistra).

www.ingramcontent.com/pod-product-compliance
Lightning Source LLC
Chambersburg PA
CBHW031442040426
42444CB00007B/927